베트남인을 위한

비즈니스 한국어 중급활용

베트남인을 위한

비즈니스 한국어 중급활용

| 김재욱 · 박기선 · 노채환 · 송은정 |

HUiNE

BUSINESS KOREAN

Published in Republic of Korea by HUINE, an imprint of Hankuk University of Foreign Studies University Knowledge Press, Seoul.

http://press.hufs.ac.kr

머리말

한국 기업의 해외 진출이 확대되고 한국 상품에 대한 세계인들의 관심이 점점 높아지고 있다. 이에 따라 해외에 진출한 한국 기업과 한국어 학습자들의 비즈니스 한국어에 대한 요구도 증가하고 한국어 학습자들을 대상으로 하는 비즈니스 한국어 교재에 대한 필요성이 대두되고 있다. 이러한 해외 비즈니스 현장에서의 요구를 반영하여 한국어 교육에 대한 전문적인 이론과 경험을 갖춘 한국외국어대학교 및 사이버한국외국어대학교의 한국어 교육 전공 교수와 선생님들이 뜻을 모아 '베트남인을 위한 비즈니스 한국어'를 출판하였다.

특히 이번에 집필한 '베트남인을 위한 비즈니스 한국어'는 한국과 비즈니스 측면에서 매우 밀접한 관계에 있는 베트남에서 공부하는 한국어 학습자들을 대상으로 한 것으로, 현재 베트남에서 근무하고 있는 기업의 근로자들이 한국어를 습득하여 비즈니스 환경에서 한국어를 구사하기 위한 목적으로 개발되었다. 베트남에 진출한 한국 기업의 현장에서 한국어로 의사소통해야 하는 상황이 증가함에 따라 비즈니스 한국어에 대한 관심도 높아지고 있어 이를 위한 단계별 한국어 교재를 집필하게 된 것은 매우 의미 있는 일이라고 할 수 있다.

'베트남인을 위한 비즈니스 한국어'는 베트남 비즈니스 학습자를 위한 한국어 교재로, 주 교재와 활용 교재로 구분된다. 주 교재와 활용 교재는 각 과마다 같은 주제의 내용으로 구성되어 있으며, 두 교재를 함께 학습한다면 학습 목표를 이루는 데에 큰 효과를 거둘 수 있을 것이다.

주 교재에서는 어휘와 문형, 대화 등의 집중 학습을 통해 한국어의 입력에 중점을 두었다. 이를 위해 다양한 비즈니스 특징을 살린 어휘와 문형을 배열하여 기업 현장에서 활용할 수 있는 실제적인 내용들로 구성하였다. 활용 교재에서는 주 교재에서 습득한 어휘와 문형을 활용하여 비즈니스 현장에서의 말하기, 듣기, 읽기, 쓰기를 학습할 수 있도록 구성하였으며 한국어 능력에 따라 필요한 여러 가지 유형의 비즈니스 의사소통 기능을 집중적으로 향상시키는 것에 초점을 맞추어 개발하였다.

또 '베트남인을 위한 비즈니스 한국어'의 대화는 그 속에 등장하는 각 인물들이 한국 기업에 입사해서 생활하는 스토리로 이루어져 있어 비즈니스 한국어 학습자의 학습 동기 유발을 위한 흥미 요소로서의 작용뿐만 아니라 실제 한국 회사 생활에 적응하는 데에도 도움이 될 수 있어 비즈니스 한국어 교육 현장에서 높은 활용도를 보일 것으로 기대한다.

끝으로 많은 수고와 노력을 기울여 완성도 높은 교재를 개발한 사이버한국외국어대학교 한국어학부 진정란 교수님, 박기선 교수님, 노채환 교수님, 한국외국어대학교 KFL대학원 안정민 교수님, 송은정 선생님, 정회란 선생님에게 고마움을 전한다. 그리고 이 교재가 출판되기까지 여러모로 애써주신 한국외국어대학교 지식출판콘텐츠원 관계자 분들과 여러 분들에게도 다시 한번 깊은 감사를 드린다.

한국외국어대학교 KFL대학원장
김재욱

일러두기

'베트남인을 위한 비즈니스 한국어'는 베트남에 진출한 한국 기업에서 근무하거나 근무하고자 하는 한국어 학습자의 비즈니스 한국어 의사소통 능력 신장을 위한 실제적인 교재로 개발되었습니다.

집필 방향

- 본 교재는 비즈니스 한국어 '입문', '초급', '중급' 단계로 개발되었으며, 각 단계별 교재는 주 교재와 활용 교재 두 권으로 분리하였습니다.

- 주 교재는 정확성 향상을 위한 한국어 어휘 및 문법 등 한국어 지식에 대한 학습이 주를 이루며 비즈니스 현장의 상황으로 이루어진 대화문을 통해 내용, 주요 표현·발음 등을 이해하는 데에 초점을 맞추어 집필하였습니다.

- 활용 교재는 주 교재에서 배운 내용을 바탕으로 실제 비즈니스 한국어 환경에서 활용할 수 있는 사용 단계로, 비즈니스 현장에서 요구되는 말하기, 듣기, 읽기, 쓰기의 능력을 고루 향상시킬 수 있도록 집필되었습니다.

- 주 교재의 문법 및 표현의 선정과 배열 등은 '국제 통용 한국어교육 표준 모형'과 '한국어능력시험(TOPIK)'을 참고하여 일반 목적 한국어 교육의 기본적인 숙달도 단계를 존중하고 있습니다. 그러나 비즈니스 현장에서의 요구를 반영하는 것을 우선으로 하여 집필하였으므로 주제, 어휘, 문법, 기능, 상황 등의 선정 및 배열에서 일반 목적 한국어 교육과 차이를 보입니다.

- 주 교재에서는 생산직 근로자 또는 사무직 근로자가 한국인과 함께 근무하면서 근로 현장에서 접할 수 있는 상황과 표현을 중심으로 개발하였으며, 공적인 담화와 사적인 담화를 모두 포함시켜 구성하였습니다.

- 주 교재는 한국어의 정확성과 유창성을 향상시키기 위해 한국어 어휘, 문법, 발음과 관련된 한국어 지식과 함께 말하기, 듣기, 쓰기, 읽기 등 실질적인 연습 및 활용을 위한 과제를 모두 포함시켰습니다.

교재 내용 구성

- 본 교재는 '베트남인을 위한 비즈니스 한국어 입문'과 '베트남인을 위한 비즈니스 한국어 초급', '베트남인을 위한 비즈니스 한국어 중급'으로 구성되어 있으며, 각 단계는 25개의 과로 이루어져 있습니다.
- 주 교재와 활용 교재의 1개 과는 기본적으로 4시간의 수업 내용들로 구성하여 1개 과를 모두 학습하는 데에 8시간이 소요됩니다. 물론 학습 현장 상황에 따라 수업 시간의 조절이 가능하며, 학습자의 학습 진도에 따라 수업 시간을 유연하게 적용할 수 있습니다.
- '베트남인을 위한 비즈니스 한국어 입문'의 주 교재는 1과부터 5과까지는 한글 자모에 대한 학습으로 이루어져 있고, 활용 교재는 한글편 단원이 없이 6과부터 시작합니다.
- 주 교재의 첫 페이지는 학습목표와 삽화, 질문으로 구성되어 있습니다. 삽화를 통해 해당 상황에 대한 이야기를 나누면서 학습자에게 해당 과의 주제와 어휘를 노출할 수 있으며 배경 지식을 형성할 수 있습니다. '어휘'는 비즈니스 상황에 어울리는 주제에 맞추어 한국어 어휘장과 그에 따른 예문이 제시되고 있고, 연습도 함께 구성되어 있습니다. '문법'은 한국어 문법의 의미와 예문, 형태, 주의점 등이 베트남어와 한국어로 함께 제시되어 있으며 해당 문법에 대한 연습 문제도 구성되어 있습니다. '대화'는 해당 과의 주제에 맞는 자연스러운 한국어 대화로 이루어져 있으며 해당 과에서 학습한 문법과 어휘가 포함되어 있습니다.

- 활용 교재 '입문'과 '초급' 단계의 '듣고 말하기'는 주 교재의 대화문과 동일한 내용으로 구성되어 있는데, 이는 기본 대화문을 활용하여 다양한 소재와 내용으로 말하기를 확장 연습하는 단계입니다. 대화문의 주요 표현을 다양한 내용으로 교체하여 연습하고 질문에 대답함으로써 유의미한 말하기 연습을 진행할 수 있습니다. 또한 들은 내용을 이해하고 직접 받아써 봄으로써 한국어 의사소통 능력을 고루 신장할 수 있습니다. 더불어 듣기와 말하기 과제가 추가되어 실제적인 의사소통 상황에 대한 연습이 가능합니다. '읽고 말하기'는 읽기 담화와 연결된 말하기 연습으로 구성되어 있으며 '읽고 쓰기'는 읽기 담화와 연결된 쓰기 연습으로 구성되어 기능별 통합 교재로서의 특징을 보이고 있습니다.

- 활용 교재 '중급' 단계의 '말하기'는 '입문'과 '초급' 단계의 '듣고 말하기'와 같이 주 교재의 대화문과 동일한 내용으로 구성되어 있는데, 중급 대화문에 나온 주요 표현들을 활용하여 문장을 생성해 보고 주제와 관련된 이야기를 나눌 수 있습니다. '듣고 말하기'는 해당 과의 주제 또는 기능과 관련된 듣기 활동으로 구성되어 있습니다. '읽고 쓰기'는 비즈니스 현장에서 쓰이는 실용 텍스트뿐만 아니라 회사 생활을 통해 경험할 수 있는 내용이 담긴 다양한 읽기 텍스트와 이를 확장한 쓰기 활동으로 구성되어 있습니다.

베트남인을 위한

비즈니스

한국어 중급활용

목차

중급활용 교재구성표

단원	제목	주제
1과	투안 대리가 없는 동안 업무에 차질이 생기지 않도록 신경 써 주세요	부재중 업무 대리
2과	일은 할 만해요?	인턴 사원에게 새로운 업무 부여
3과	파일을 확인하다가 실수로 지워 버렸어요	인턴 사원의 업무 실수
4과	손님들이 공항에 도착하시자마자 식당으로 모시도록 하세요	한국 업체의 방문
5과	한국에서 중요한 손님이 오시거든요	식당 예약
6과	방은 바다가 보이는 쪽으로 예약했습니다	숙소 안내
7과	투안 씨가 지각할 리가 없는데요	사고와 안부 확인
8과	큰일 날 뻔했네요	병문안
9과	교통사고 당했다면서?	안부
10과	저희 제품이 좋은 평가를 받았다니 기쁩니다	계약 전
11과	열심히 노력하더니 좋은 일이 생겼네요	보람, 칭찬
12과	사용하시다가 보면 무척 만족하실 겁니다	가격 협상과 계약 체결
13과	성능 향상이야말로 가장 신경 써야 할 부분입니다	TF 회의
14과	눈길을 끄는 노트북들이 많던데요	시장 조사

말하기	듣고 말하기	읽고 쓰기
업무 대리 말하기	신입 사원과 선배들 간의 대화 듣고 말하기	직원 교육에 대한 글 읽고 쓰기
업무 말하기	단합 대회에 대해 듣고 말하기	팀워크 관련 책 소개 글 읽고 쓰기
실수 말하기	운전 상황 듣고 말하기	업무 실수에 대한 글 읽고 쓰기
미팅 준비 말하기	공항 안내 방송 듣고 말하기	제품 설명 글 읽고 쓰기
식당 예약하기	예약 변경 듣고 말하기	알레르기 설명 글 읽기, 사내 사고 발생 보고서 쓰기
손님 맞이하기	숙박 예약 듣고 말하기	업무 환경 읽고 쓰기
교통사고 상황 말하기	전화 안부 듣고 말하기	교통사고 유형 읽고 쓰기
병문안 말하기	패럴림픽 참가자 인터뷰 듣고 말하기	어려움을 극복한 경험 읽고 쓰기
안부 묻고 답하기	동창과의 만남 듣고 말하기	편지 읽고 쓰기
거래처와 미팅 약속하기	구매 상담 듣고 말하기	텔레비전의 변화에 대한 글 읽고 쓰기
성과 말하기	꾸준히 하는 일 듣고 말하기	다른 사람의 성격에 대한 글 읽고 쓰기
거래처와 협상하기	제품 설치 상담 듣고 말하기	협상 비결에 대한 글 읽고 쓰기
회의 시 의견 말하기	회의 상황 듣고 말하기	아이디어 창출법 읽고 쓰기
시장 조사 말하기	고구마 세탁기에 대해 듣고 말하기	시장 조사 후기 글 읽고 보고서 쓰기

단원	제목	주제
15과	성능이 좋은데도 소비자의 외면을 받고 있습니다	제품 분석 결과 회의
16과	결과를 살펴봤더니 무게가 가장 중요한 것으로 나타났습니다	아이디어 회의
17과	이 개발안대로 상부에 보고하겠습니다	아이디어 확정 회의
18과	제품명 공모에 참가해 보지 그래요?	공모전 및 홍보
19과	다른 업무를 처리하느라고 미처 못했어요	업무 갈등
20과	사용할수록 우리 제품의 매력에 빠질 것입니다	프레젠테이션
21과	고생 끝에 낙이 온다더니 드디어 신제품이 나오네요	화해와 격려
22과	모르는 사람이 없을 정도라고 합니다	언론사와의 인터뷰
23과	앞으로도 계속 발전해 갈 것입니다	연설
24과	아무래도 둘이 사귀는 모양이에요	연애
25과	바쁘시더라도 오셔서 축하해 주시면 감사하겠습니다	결혼식

말하기	듣고 말하기	읽고 쓰기
분석 결과 말하기	설문조사 듣고 말하기	설문조사에 대한 글 읽고 쓰기
신제품 개발 방향 토의하기	시장의 동향 듣고 말하기	효율적인 회의에 대해 읽고 쓰기
신제품 개발안 결정하기	생산량 제고 방안 듣고 말하기	의사결정에 대한 글 읽고 쓰기
제품명 확정을 위한 말하기	홈쇼핑 광고 듣고 말하기	제품 광고 읽고 쓰기
동료와의 갈등 말하기	질책을 들은 경험 듣고 말하기	사과 방법 차이 읽기, 감정 표현 방법 쓰기
신제품 발표하기	프레젠테이션 듣고 말하기	휴대 전화의 역사 읽기, TV의 변화 쓰기
화해와 격려 말하기	갈등 해소 상황 듣고 말하기	명언에 대한 글 읽고 쓰기
제품 성공 요인 말하기	리더의 조건 듣고 말하기	기업의 성공 요인 읽고 쓰기
송년사 말하기	임원 연설 듣고 말하기	창립 기념식 안내문 읽고 쓰기
소문 말하기	유명인의 스캔들 듣고 말하기	가짜 뉴스에 대한 글 읽고 쓰기
결혼 소식 알리기	주례사 듣고 말하기	작은 결혼식에 대해 읽기, 베트남 결혼 문화 장단점 쓰기

01 투안 대리가 없는 동안 업무에 차질이 생기지 않도록 신경 써 주세요

학습 목표

- 주제: 부재중 업무 대리
- 어휘: …적
- 문법: 말고, -는 동안

말하기

김영미 부장: 여러분, 모두 알다시피 우리 팀 응웬 투안 씨가 대리로 승진했습니다. 축하합니다.

투 안: 감사합니다. 최선을 다하겠습니다.

김영미 부장: 그리고 오늘부터 배현주 씨가 인턴사원으로 우리와 함께 일하게 됐습니다. 배현주 씨는 인턴 교육을 받는 동안 우수한 평가를 받았다고 합니다.

배 현 주: 안녕하세요? 배현주입니다. 적극적인 자세로 열심히 배우겠습니다. 잘 부탁드립니다.

김영미 부장: 이제 비품 관리는 투안 대리 말고 현주 씨가 맡아 주세요.

배 현 주: 네, 그렇게 하겠습니다.

김영미 부장: 그리고 내일부터 이틀 동안 직원 교육이 있어서 투안 대리가 자리를 비울 예정입니다. 투안 대리가 없는 동안 업무에 차질이 없도록 신경 써 주세요.

직 원 들: 네, 알겠습니다.

1. 다음 표현을 사용하여 문장을 만들어 보세요.

- 알다시피
- -(으)ㄹ 예정이다
- 신경을 쓰다

2. 내가 자리를 비우면 나 말고 누가 내 업무를 담당합니까?
업무를 대신하는 사람을 위해서 나는 미리 무엇을 해야 합니까? 이야기해 보세요.

듣고 말하기

1. 신입 사원과 선배들과의 대화 시간이 있으면 어떨까요? 신입 사원은 선배들에게 무엇을 묻고 싶어 할까요? 이야기해 보세요.

2. 다음의 의미를 확인해 보세요.

- 특별히
- 모시다
- 부끄럽다/부끄러워하다
- 자기 마음대로 하다
- 실수하다
- 예의 없다/있다
- 밝게 인사하다
- 미소를 짓다
- 행동하다
- 성실하다

3. 잘 듣고 다음 질문에 답하세요.

(1) 무엇에 대해서 이야기하고 있습니까? (답:)

① 신입 사원에게 필요한 자세
② 신입 사원과 선배와의 관계
③ 신입 사원이 배워야 할 업무
④ 신입 사원이 지켜야 할 회사 규칙

(2) 선배들이 선호하는 후배가 아닌 사람은 누구입니까? (답:)

① 적극적으로 질문하는 사람
② 자신의 실수를 부끄러워하지 않는 사람
③ 약속을 잘 지키고 업무를 미리 준비하는 사람
④ 밝게 인사하고 작은 일에도 감사를 표현하는 사람

4. 여러분이 선배라면 어떤 이야기를 후배들에게 해 주고 싶습니까? 이야기해 보세요.

읽고 쓰기

1. 회사에는 어떤 교육이 있습니까? 이야기해 보세요.

2. 다음 글을 읽어 보세요.

지난주에 우리 회사에서 직원 교육이 있었습니다. 저는 이번에 대리로 승진을 해서 교육에 참여하게 되었습니다. 사실 저는 회사에 처음 들어왔을 때 신입 사원 교육을 받았기 때문에 그때와 비슷한 내용을 배울 거라고 생각했습니다. 하지만 이번 교육을 받는 동안 저는 회사가 가진 비전과 방향에 대해 더 자세히 알 수 있었고, 제가 알고 있는 업무 말고도 새로운 일을 더 많이 배우게 되어서 더 적극적으로 일하고 싶은 마음이 생겼습니다.

제가 가장 의미 있다고 생각한 시간은 회사의 발전 방안을 작성하고 발표하는 시간이었습니다. 우리가 준비한 것을 발표하면 선배들한테서 평가를 받는 시간이었는데, 처음에는 많은 사람들 앞에서 부정적인 평가를 들을 때 너무 부끄러웠습니다. 하지만 그런 평가를 통해 저의 문제점을 찾을 수 있었고 제가 더 발전하는 기회가 되었습니다.

직원 교육이 끝나고 선배님들은 후배 직원 한 사람 한 사람에게 수고했다고 말해 주셨습니다. 교육을 시작할 때 선배님들은 너무 어렵고 무서워 보였는데 이렇게 따뜻한 말로 격려를 해 주셔서 정말 감동적이었습니다. 앞으로도 어려운 일이 있을 때 선배님들과 상의하면 회사 생활을 잘해 나갈 수 있을 것 같습니다.

- 참여하다
- 내용
- 비전
- 방향
- 발전 방안
- 평가를 받다
- 문제점
- 발전하다
- 기회
- 따뜻한 말
- 격려하다
- 상의하다
- 해 나가다

3. 다음 질문에 답하세요.

(1) 읽은 것과 같은 것을 고르세요. (답:)

① 이 사람은 지난주에 신입 사원 교육을 받았습니다.
② 이번 교육 후에 발전 방안을 발표하기로 했습니다.
③ 이번 교육 중에 부정적인 평가를 받은 적이 있습니다.
④ 이 사람은 교육하면서 후배들에게 따뜻한 격려를 해 줬습니다.

(2) 이 사람은 교육이 끝나고 왜 감동을 했습니까?

4. 알맞은 말을 골라 쓰세요.

[보기] 발전하다 격려하다 상의하다

(1) 우리 회사의 실적이 좋아지고 있기 때문에 앞으로도 계속 ______ 생각합니다.

(2) 이번 행사에 이사님이 직접 오셔서 우리를 ______ 주시니 힘이 나더라고요.

(3) 문제가 생기면 먼저 저하고 ______ 주세요.

5. 생각해 보세요.

(1) 직원 교육이 필요하다고 생각합니까? 왜 그렇습니까?

(2) 여러분은 어떤 교육을 받았습니까? 또 어떤 교육을 받고 싶습니까?

6. "내가 받은 교육"에 대해 이야기하고 써 보세요.

	[보기]	내가 받은 교육
교육명	신입 대리 연수	
교육 기간	4/2-4/3	
교육 내용	발전 방안 기획과 발표	
배운 것	발표 방법 ppt 제작	
느낀 것	나의 문제점을 알게 되었어요. 선배들의 격려에 감동했어요.	

02 일은 할 만해요?

학습 목표

- 주제: 인턴 사원에게 새로운 업무 부여
- 어휘: 팀워크
- 문법: -(으)ㄹ 만하다, -거나

말하기

배현주: 과장님, 아까 말씀하신 보고서 여기 있습니다.

노우성: 깔끔하게 잘했네요. 일은 할 만해요? 힘들지는 않고요?

배현주: 일이 어려울 때도 있지만 모두 잘 가르쳐 주셔서 재미있게 하고 있습니다.

노우성: 그래요? 다행이네요. 참! 이번 주부터 현주 씨가 해 줄 일이 있는데요. 우리 제품이 나온 기사나 방송 자료를 모두 찾아서 번역해 주세요.

배현주: 번역한 자료는 파일로 보내드리면 되나요?

노우성: 아니요. 출력해서 제 책상에 놔 주세요.

배현주: 네, 알겠습니다. 열심히 하겠습니다.

노우성: 힘든 일이 있거나 모르는 게 생기면 망설이지 말고 언제든지 이야기하세요. 우리 팀은 팀워크가 좋아서 즐겁게 일할 수 있을 거라고 생각합니다.

1. 다음 표현을 사용하여 문장을 만들어 보세요.

- 깔끔하다
- 번역하다
- 망설이다

2. 처음 회사에 와서 맡은 일은 무엇이었습니까? 힘들고 어려웠을 때 어떻게 했습니까? 이야기해 보세요.

듣고 말하기

1. 무슨 운동을 좋아합니까? 여러 명이 함께 하는 운동에는 어떤 것이 있습니까? 이야기해 보세요.

2. 다음의 의미를 확인해 보세요.

- 사내 체육대회
- 종목
- 배드민턴
- 배구
- 단체 줄넘기
- 줄다리기
- 이어달리기
- 팔씨름
- 우승(하다)
- 상금
- 꽤
- 출전
- 희망하다
- 아쉽게도
- 재도전
- 자꾸
- 단체 종목

3. 잘 듣고 다음 질문에 답하세요.

(1) 들은 내용과 같은 것은 무엇입니까? (답:)

① 모든 종목은 일등을 하면 상금을 받을 수 있습니다.
② 작년에 남자는 배드민턴에 나가서 상금을 받았습니다.
③ 올해 남자는 현주와 같이 단체 줄넘기에 나가고 싶어합니다.
④ 작년에 남자는 줄다리기에 못 나가서 재도전을 하려고 합니다.

(2) 남자는 왜 우리 팀이 줄다리기에서 일등을 할 거라고 생각합니까?

4. 단체 운동에서 이기려면 어떻게 해야 합니까? 팀워크와 실력을 함께 높일 방법을 이야기해 보세요.

읽고 쓰기

1. 책을 사기 전에 소개하는 글을 읽습니까? 책 소개에는 무슨 이야기가 있습니까? 이야기해 보세요.

2. 다음 글을 읽어 보세요.

팀워크를 향상시키기 위한 비법

저　자 박이선
출판사 한국도서
가　격 15,000원

팀의 성공은 리더의 능력으로만 이루어지는 것이 아닙니다. 지금까지 성공한 팀들은 팀원들이 서로 협력했을 때 가장 높은 성과를 보였습니다. 이 책은 팀워크를 위한 3가지 성공 비법을 쉽고 재미있게 설명하고 있습니다.

1장 리더와 팀원이 같은 생각을 하세요.

팀장은 팀의 목표를 팀원들에게 이야기하고 계획을 말해 줘야 합니다. 목표와 미래를 알게 된 팀원들은 더 즐겁게 일할 수 있습니다.

2장 공부하는 팀이 성공할 수 있습니다.

팀워크와 개인 공부가 무슨 관계가 있냐고 생각할 수도 있습니다. 하지만 팀 구성원이 업무를 위한 교육을 받거나 스스로 공부해서 실력이 높아지면 팀의 성과가 올라갑니다.

3장 구성원 내 갈등을 먼저 해결해야 합니다.

팀 내 갈등이 생기면 팀워크를 무너뜨리는 가장 큰 원인이 될 수 있기 때문에 주의가 필요합니다. 팀원들이 서로 이해하고 양보하려는 마음을 가져야 합니다.

이 책은 팀워크로 고민하는 비즈니스맨을 위한 필독서입니다. 십만 부 이상 팔린 화제의 책을 놓치지 마세요!

- 저자
- 출판사
- 가격
- 비법
- 협력하다
- 성과
- 갈등
- 무너뜨리다
- 주의
- 양보하다
- 고민하다
- 필독서
- 부
- 화제의 책
- 놓치다

3. 다음 질문에 답하세요.

(1) 윗글을 읽고 다음 중 알 수 없는 것을 고르세요. (답:)

① 책의 가격
② 책의 제목
③ 책을 쓴 사람
④ 책이 나온 날짜

(2) 다음 중 책의 내용과 같은 것을 고르세요. (답:)

① 팀워크와 업무 교육은 큰 관계가 없습니다.
② 팀 구성원 전체가 팀의 목표를 알아야 합니다.
③ 팀 내 갈등이 생기면 리더가 해결해야 합니다.
④ 비즈니스맨은 팀워크에 대한 고민을 해야 합니다.

4. 알맞은 말을 골라 쓰세요.

[보기] 협력하다 무너뜨리다 양보하다 놓치다

(1) 새 건물을 지으려고 100년 된 건물을 ______ 계획입니까?

(2) 어제 버스에서 다리가 불편한 사람에게 자리를 ______.

(3) 이번 기회는 다시 오지 않을 거예요. 기회를 ______ 마세요.

5. 생각해 보세요.

(1) 팀에 문제가 생긴 적이 있습니까? 그때 어떻게 해결했습니까?

(2) 팀워크를 강화하기 위해서 어떻게 해야 합니까?

6. "동료들에게 내가 소개하고 싶은 책"에 대해 말하고 써 보세요.

	[보기]	소개하고 싶은 책
제목	팀워크를 향상시키기 위한 비법	
저자	박이선	
가격	15,000원	
내용	팀워크를 향상시키는 3가지 방법 1. 같은 생각 2. 공부하는 분위기 3. 갈등 해결	
소개하는 이유	우리 팀의 팀워크가 좋아지면 즐겁게 일할 수 있기 때문이다	

03 파일을 확인하다가 실수로 지워 버렸어요

학습 목표

- 주제: 인턴 사원의 업무 실수
- 어휘: 최···
- 문법: -다가, -어/아 버리다

말하기

배현주: 대리님, 아까 저 찾으셨다고 들었어요. 시키실 일 있으세요?

투 안: 뭐 물어볼 게 있어서요. 그런데 현주 씨, 어디에 있었어요?

배현주: 비품실에서 복사 용지를 찾다가 왔어요. 복사를 하다가 용지가 다 떨어져서 비품실에 갔는데 거기에도 없었어요.

투 안: 그럼 총무팀에 비품 신청을 해야 돼요. 비품 신청서 양식은 가지고 있지요?

배현주: 저, 그게…. 제가 파일을 확인하다가 실수로 지워 버렸어요. 죄송합니다.

투 안: 그래요? 그럼, 제가 메일로 보내 줄게요. 그런데 뉴스 번역한 자료는 어디에 있나요? 과장님이 찾으시더라고요.

배현주: 죄송해요. 복사 때문에 정신이 없어서 번역하는 걸 잊어버렸어요. 어떡하지요?

투 안: 그럼, 제가 과장님께 말씀드릴게요. 최대한 빨리 마무리해 주세요.

1. 다음 표현을 사용하여 문장을 만들어 보세요.

- 정신이 없다
- 잊어버리다
- 마무리하다

2. 업무를 하다가 실수를 했을 때는 어떻게 해야 합니까? 이야기해 보세요.

듣고 말하기

1. 차가 막힐 때 여러분들은 어떻게 합니까? 운전할 때 무엇이 어렵습니까? 이야기해 보세요.

2. 다음의 의미를 확인해 보세요.

- 빠져나가다
- 내비게이션
- 시간대
- 꽉 막히다
- 꺾다
- 끼고 좌회전하다
- 한산하다
- 유턴하다

3. 잘 듣고 다음 질문에 답하세요.

(1) 무엇에 대해서 이야기하고 있습니까? (답:)

① 거래처와의 약속 시간
② 거래처까지 가는 지름길
③ 베트남과 한국의 교통 체증
④ 베트남에 오토바이가 많은 이유

(2) 들은 내용과 같은 것은 무엇입니까? (답:)

① 두 사람은 이쪽 길이 처음이다.
② 내비게이션이 빠른 길을 안내했다.
③ 여자는 남자의 말을 따라 운전했다.
④ 여자가 길을 몰라서 남자가 운전했다.

4. 여러분이 자주 가는 곳은 어디입니까?
자주 가는 곳의 약도를 그리고 동료에게 가는 길을 설명해 보세요.

읽고 쓰기

1. 컴퓨터로 일을 하다가 실수한 적이 있습니까? 이야기해 보세요.

2. 다음 글을 읽어 보세요.

베한전자에서 인턴 생활을 한 지 벌써 한 달이 지났습니다. 한 달 동안 인턴 생활을 하면서 제가 배운 것은 작은 일에도 최선을 다해야 한다는 것입니다. 사소한 일이라고 가볍게 생각하다가 큰일이 날 수 있기 때문입니다.

얼마 전에 영업팀 매출 실적을 입력하는 업무를 맡았습니다. 단순하게 데이터 입력만 하면 되는 것이라서 쉽다고 생각했습니다. 그런데 입력을 하다가 큰 실수를 했습니다. 매출 총액에 0을 하나 더 입력해 버린 것입니다. 저는 그런 줄도 모르고 우리 회사의 매출이 이번 달에 크게 올랐다고 생각했습니다. 다행히 부장님께 보고하기 전에 투안 대리님이 이상한 것을 발견하시고 정정해 주셨습니다. 투안 대리님은 저에게 만약에 이 데이터가 다음 달 매출 전략을 세우는 데 기초 자료로 사용되었다면 어땠을지 생각해 보라고 하셨습니다. 생각해 보니 제가 한 실수가 얼마나 큰 실수인지 깨달을 수 있었고 반성하게 되었습니다. 그리고 회사에서는 내가 맡은 일에 분명하게 책임을 져야 한다는 것도 알게 되었습니다.

베한전자에서 인턴 경험을 쌓기로 한 것은 정말 잘한 것이라고 생각합니다. 실수한 자신을 되돌아보면서 이번 일로 한층 성장했음을 느낄 수 있었습니다.

사소하다	데이터	기초 자료	되돌아보다
큰일이 나다	정정하다	깨닫다	한층
맡다	매출 전략	반성하다	

3. 다음 질문에 답하세요.

(1) 읽은 것과 같은 것을 고르세요. (답:)

① 이 사람은 지난주에 베한전자에 입사했습니다.
② 이 사람은 매출 총액을 실제보다 적게 입력했습니다.
③ 이 사람이 실수한 것을 다른 사람이 고쳐 주었습니다.
④ 이 사람이 입력한 데이터가 기초 자료로 사용되었습니다.

(2) 이 사람은 왜 자신이 성장했다고 생각했습니까?

______

4. 알맞은 말을 골라 쓰세요.

[보기]	깨닫다 사소하다 정정하다

(1) 데이터에 오류가 있네요. ______ 주세요.

(2) 두 사람은 ______ 일 때문에 다투다가 크게 싸웠다.

(3) 투안은 자신의 실수를 ______ 마음속 깊이 반성했다.

5. 생각해 보세요.

(1) 작은 일에도 최선을 다해야 하는 이유는 무엇입니까?

(2) 회사에서 하면 안 되는 실수에는 어떤 것이 있습니까?

6. "내가 한 실수"에 대해 이야기하고 써 보세요.

[보기]		내가 한 실수
맡은 일	데이터 입력	
실수	잘못 입력	
정정	다른 사람이 발견하고 고쳐 주었어요.	
배운 것	사소한 일이라고 가볍게 생각하면 안 돼요.	
	내가 맡은 일에는 분명하게 책임을 져야 해요.	

04 손님들이 공항에 도착하시자마자 식당으로 모시도록 하세요

학습 목표

- 주제: 한국 업체의 방문
- 어휘: 공항
- 문법: -자마자, -어/아 놓다

말하기

김영미: 투안 대리, 다음 주 업체 미팅 일정이 어떻게 되죠?

투 안: 한국 손님들이 다음 주 월요일 오후 다섯 시에 하노이 공항에 도착할 예정입니다. 그리고 우리 팀과 함께 저녁 식사를 하고, 회의는 화요일 오전 열 시에 하기로 했습니다.

김영미: 회의실은 어디로 예약했습니까?

투 안: 제품 소개를 위해서 프레젠테이션이 가능한 3층 회의실로 준비해 놓았습니다. 홍보팀도 회의에 참석하기로 했습니다.

김영미: 좋습니다. 월요일 저녁 식사는 어디에서 합니까?

투 안: 호텔 근처에 있는 한국 식당을 예약해 놓았습니다.

김영미: 네. 그럼 손님들이 공항에 도착하시자마자 식당으로 모시도록 하세요.

투 안: 알겠습니다. 저와 이유미 씨가 공항으로 가겠습니다.

1. 다음 표현을 사용하여 문장을 만들어 보세요.

- 업체 미팅
- 을/를 위해서
- 모시다

2. 바이어나 협력 업체가 우리 회사를 방문한다면, 무엇을 준비해야 하겠습니까? 이야기해 보세요.

듣고 말하기

1. 공항이나 비행기 안에서 어떤 안내 방송을 들었습니까?
한국어 안내 방송에서는 어떤 이야기가 나올까요? 이야기해 보세요.

2. 다음의 의미를 확인해 보세요.

- 금일
- 모시다
- 기장/부기장
- 이륙하다
- 순항 중
- 비행 시간
- 항로
- 양호하다
- 기류 변화
- 착용하다
- 쾌적하다
- 최선을 다하다

3. 잘 듣고 다음 질문에 답하세요.

(1) 무엇에 대해 이야기하고 있습니까? (답:)

① 비행기 지연 공지
② 도착지 환승 안내
③ 기내에서의 유의 사항 안내
④ 보안 검색대 주의 사항 안내

(2) 들은 내용과 같은 것은 무엇입니까? (답:)

① 이 사람은 비행기의 기장입니다.
② 목적지까지 걸리는 시간은 4시간 40분입니다.
③ 이 비행기는 인천공항에서 하노이로 가는 비행기입니다.
④ 오늘은 날씨가 좋지 않아 비행기가 많이 흔들릴 것 같습니다.

4. 비행기 안에서 지켜야 할 사항은 어떤 것이 있습니까? 이야기해 보세요.

읽고 쓰기

1. 여러분의 회사는 어떤 제품을 만듭니까? 또는 어떤 서비스를 합니까? 이야기해 보세요.

2. 다음 글을 읽어 보세요.

새 메일

보내는 사람	minioven@vehan.vn	참조	숨은 참조
받는 사람	buy@korea.com		
제목	베한전자 미니 오븐 설명입니다.		

안녕하십니까? 저는 베한전자 투안입니다.

먼저 저희 제품에 관심을 가지고 연락해 주셔서 대단히 감사합니다. 말씀하신 미니 오븐은 9월 말에 출시할 예정으로 베트남 공장에서만 제작할 계획입니다.

이 제품은 기존 오븐에 비해 십분의 일 정도 부피로 작은 공간에서도 사용이 가능합니다. 크기는 작아졌지만 기능은 기존 오븐에 비해 떨어지지 않습니다. 빵부터 고기까지 모든 요리가 가능하며 일곱 가지 조리 기능이 있어서 원하는 요리를 편리하게 만들 수 있습니다.

이 제품이 다른 제품과 다른 특별한 점은 수분 기능과 안전성입니다. 보통 미니 오븐을 사용하면 음식이 빨리 마르거나 딱딱해진다는 점이 소비자들의 가장 큰 불만이었습니다. 그러나 우리 제품은 물을 넣는 곳이 따로 있어서 이곳에 물을 넣으면 바로 수증기가 음식을 촉촉하게 만들어 줍니다. 또 오븐 손잡이에 있는 유리 때문에 안전사고가 종종 있었는데, 저희 제품은 손잡이 유리를 이중 유리로 교체하여 화상의 위험을 크게 줄였습니다.

제품에 대한 특징과 가격 정보도 함께 보내 드립니다. 혹시 직접 제작 공정을 보고 싶으시거나 자세한 논의를 원하시면 저희에게 연락해 주시기 바랍니다. 또, 나중에 기회가 되신다면 저희 회사를 한번 방문해 주시면 감사하겠습니다.

보내기

미니 오븐	조리 기능	수증기	종종
출시하다	수분	촉촉하다	이중 유리
부피	안전성	손잡이	교체하다
기존	딱딱하다	안전사고	제작 공정

3. 다음 질문에 답하세요.

(1) 읽은 것과 같은 것을 고르세요. (답:)

① 이 제품으로 고기를 조리하기는 어렵습니다.
② 이 미니 오븐을 사용하면 빵이 촉촉해집니다.
③ 이 제품은 베트남과 한국에서 동시에 제작할 예정입니다.
④ 부피가 기존 제품보다 작아져서 기능이 조금 떨어집니다.

(2) 이 제품은 어떻게 화상의 위험을 줄였습니까?

4. 알맞은 말을 골라 쓰세요.

[보기]	딱딱하다 교체하다 촉촉하다

(1) 이 화장품을 사용하시면 여러분의 피부가 더욱 ________.

(2) 의자가 너무 ________ 앉아 있기가 힘듭니다.

(3) 고장의 원인은 배터리입니다. 배터리만 ________ 화면이 갑자기 꺼지지 않을 겁니다.

5. 생각해 보세요.

(1) 여러분 회사의 제품이나 서비스 중에서 여러분이 가장 좋아하는 것은 무엇입니까?

(2) 여러분 회사의 제품이나 서비스 중에서 아쉬운 점은 무엇입니까?
그것을 어떻게 바꾸고 싶습니까?

6. "우리 회사 제품"에 대해 이야기하고 써 보세요.

	[보기]	우리 회사 제품
제품/ 서비스	미니 오븐	
장점	- 작은 크기 - 7가지 조리 기능	
기존 제품/ 서비스에 대한 불만	- 빵이 마르거나 딱딱해진다 - 오븐 손잡이 유리에 화상 사고 있음	
불만 개선 사항	- 물을 넣는 곳을 만들어서 수증기로 빵을 촉촉하게 한다. - 손잡이 유리를 이중 유리로 교체하여 화상의 위험을 줄였다	

05 한국에서 중요한 손님이 오시거든요

학습 목표

- 주제: 식당 예약
- 어휘: 식당 예약
- 문법: -었으면/았으면 좋겠다, -거든요

말하기

식당 주인: 감사합니다. 한국 식당 '아리랑'입니다.

투 안: 안녕하세요? 다음 주 월요일 저녁에 아홉 명 예약하려고 하는데요. 가능하죠?

식당 주인: 잠시만요. 네, 가능합니다. 몇 시로 예약해 드릴까요?

투 안: 여섯 시 삼십 분으로 해 주세요. 그리고 조용한 자리였으면 좋겠습니다. 한국에서 중요한 손님이 오시거든요.

식당 주인: 네, 알겠습니다. 음식은 뭘로 준비해 놓을까요?

투 안: 비빔밥을 시키려고 하는데 하나는 고기를 빼 주세요. 한 분이 고기를 안 드시거든요. 그리고 양념은 따로 준비해 주셨으면 좋겠습니다.

식당 주인: 비빔밥 하나는 고기 빼고, 양념은 따로 준비하겠습니다. 다음 주 월요일 여섯 시 삼십 분으로 아홉 분 예약되었습니다. 다른 사항이 있으면 언제든지 전화주세요.

투 안: 감사합니다. 월요일 전에 한번 더 연락 드릴게요.

1. 다음 표현을 사용하여 문장을 만들어 보세요.

- -어/아 드릴까요?
- (으)로 예약/준비하다
- 언제든지

2. 식당 예약을 할 때 확인해야 할 사항은 무엇입니까? 시간, 인원, 메뉴, 자리 이외에 확인해야 할 내용을 생각하고 이야기해 보세요.

듣고 말하기

1. 예약 시간이나 인원을 바꾸고 싶을 때 어떻게 말합니까? 한국어 표현을 생각해 보세요.

2. 다음의 의미를 확인해 보세요.

예매하다	일행	정시
입구	가이드	제대로
매표소	해설	대신

3. 잘 듣고 다음 질문에 답하세요.

(1) 남자는 무엇을 하고 있습니까? (답:)

① 박물관 위치를 안내하고 있습니다.
② 박물관 이용을 문의하고 있습니다.
③ 박물관 예약을 확인하고 있습니다.
④ 박물관 해설 예약을 하고 있습니다.

(2) 들은 내용과 같은 것은 무엇입니까? (답:)

① 이 박물관은 예약 시간을 변경할 수 없습니다.
② 이 박물관에는 음식을 가지고 들어갈 수 없습니다.
③ 이 박물관은 현장에서 표를 사서 들어갈 수 있습니다.
④ 이 박물관에서는 고객을 위한 식당을 운영하고 있습니다.

4. 전시회, 체험, 공연과 같은 프로그램을 예약하거나 변경할 때 어떻게 말합니까? 들은 것과 비슷하게 이야기해 보세요.

읽고 쓰기

1. 알레르기 때문에 먹지 못하는 음식이 있습니까? 주요 원인이나 증상이 무엇인지 이야기 해 보세요.

2. 다음 글을 읽어 보세요.

식품 알레르기는 어떤 음식을 먹고 몸에 알레르기 증상이 나타나는 것을 말합니다. 알레르기를 일으키는 식품은 우유, 달걀, 땅콩, 해산물, 토마토와 같이 우리가 흔히 섭취하는 음식들입니다. 증상은 사람마다 다른데, 흔히 소화기(구토, 복통, 설사)와 피부(두드러기, 부종), 호흡기(콧물, 기침, 호흡 곤란)에 문제를 일으킵니다. 심할 경우에는 입술이나 혀가 부풀어 올라 숨을 쉬지 못합니다. 이때 즉시 병원에 가지 않으면 죽음에까지 이를 수 있습니다.

알레르기는 지역과 식문화에 따라 다른 모습을 보입니다. 예를 들어, 미국의 경우 땅콩 알레르기가 많지만, 싱가포르나 필리핀은 갑각류 알레르기가 많이 발병합니다. 한국과 일본에서는 메밀 알레르기가 많이 나타납니다.

알레르기 증상은 대부분 시간이 지나면 회복되지만, 병원에 가서 정확한 진단과 치료를 받는 것이 좋습니다. 그리고 학교나 회사와 같이 단체 생활을 하는 곳에서는 식품 알레르기 환자가 발생했을 때 즉각적으로 대응할 수 있는 시스템을 마련해야 합니다. 그러므로 평소 식품 알레르기 관련 교육을 실시하고, 응급 의약품과 장비를 구비하고 사용법을 교육하는 것이 필요합니다.

- 일으키다
- 흔히
- 섭취하다
- 소화기
- 호흡기
- 부풀다
- 이르다
- 식문화
- 갑각류
- 발병하다
- 메밀
- 회복되다
- 진단
- 치료
- 단체
- 즉각적
- 대응
- 시스템
- 마련하다
- 평소
- 관련
- 실시하다
- 응급 의약품
- 장비
- 구비하다

3. 다음 질문에 답하세요.

(1) 읽은 것과 같은 것을 고르세요. (답:)

① 식품 알레르기 때문에 사망자가 발생할 수도 있습니다.
② 식품 알레르기 증상은 음식에 따라 다르게 나타납니다.
③ 식품 알레르기는 자주 먹지 않는 음식 때문에 발병합니다.
④ 식품 알레르기의 발병 원인은 대부분의 나라가 비슷합니다.

(2) 식품 알레르기에 대처하기 위해 학교나 회사에서 해야 할 일이 무엇인지 쓰세요.

4. 알맞은 말을 골라 쓰세요.

[보기]	흔히 이르다 마련하다

(1) 라면은 ______ 야식으로 먹습니다.

(2) 동생이 대학 등록금을 ______ 못해서 식당에서 아르바이트를 하고 있습니다.

(3) 겨울 동안 감기 한번 안 걸렸는데 겨울 끝에 ______ 심한 감기에 걸렸습니다.

5. 생각해 보세요.

(1) 회사나 식당에서 알레르기 주의 사항을 본 적이 있습니까? 무슨 내용이었습니까?

(2) 식품 이외 다른 원인으로 알레르기 증상을 일으킨 적이 있습니까?

6. 다음은 '사내 사고 발생 보고서'입니다. 사고가 발생한 경우를 가정하고 사고자, 발견자, 시간, 내용, 처리 결과 등을 이야기하고 써 보세요.

<table>
<tr><th colspan="4">사내 사고 발생 보고서</th></tr>
<tr><td>작성일</td><td colspan="3">년 월 일</td></tr>
<tr><td>부서</td><td></td><td>발견 장소</td><td></td></tr>
<tr><td>발생일</td><td>년 월 일</td><td>발생 시간</td><td>오전 시 분
오후 시 분</td></tr>
<tr><td>사고자</td><td></td><td>발견자</td><td></td></tr>
<tr><td>사고명</td><td colspan="3"></td></tr>
<tr><td colspan="4">사고 내용</td></tr>
<tr><td colspan="4">처리 결과</td></tr>
</table>

06 방은 바다가 보이는 쪽으로 예약했습니다

학습 목표

- 주제: 숙소 안내
- 어휘: 피동 표현
- 문법: 피동사, -어/아 있다

말하기

한국 손님: 이렇게 저녁 식사와 호텔 예약까지 신경 써 주셔서 감사합니다. 데려다 주신 덕분에 호텔까지 편하게 왔네요.

투 안: 별 말씀을요. 당연히 모셔다 드려야지요. 방은 바다가 보이는 쪽으로 예약했습니다. 경치가 좋을 거예요.

한국 손님: 고맙습니다. 그런데 아까 주신 이 서류 봉투에는 뭐가 들어 있습니까?

투 안: 내일 회의 자료입니다. 저희 제품 카탈로그도 함께 넣었습니다.

한국 손님: 네, 잘 알겠습니다. 그리고 내일 '베한전자'에 택시로 가려고 하는데, 아침에 길이 많이 막힙니까?

투 안: 출근 시간에는 차가 많이 밀리는 편입니다. 호텔이 회사에서 멀지 않으니 걱정하지 마십시오. 저희가 차를 보내드리겠습니다.

한국 손님: 네, 알겠습니다. 몇 시까지 호텔 로비로 나와 있으면 되겠습니까?

투 안: 아홉 시까지 저희 직원을 보내겠습니다. 푹 쉬시고 내일 뵙겠습니다.

1. 다음 표현을 사용하여 문장을 만들어 보세요.

- 데려다 주다
- 덕분에
- -(으)로 가다

2. 여러분은 회사에 어떤 교통 수단으로 갑니까?

어디에 갈 때 택시로 갑니까? 자동차, 기차, 배, 비행기로 어디에 가 봤습니까?

이야기해 보세요.

듣고 말하기

1. 숙박 시설에는 어떤 곳이 있습니까? 그곳을 어떻게 예약합니까? 이야기해 보세요.

2. 다음의 의미를 확인해 보세요.

- 예약자
- 전망
- 뷰
- 추가 요금
- (돈)이/가 들다
- 체크인/체크아웃
- 포함되다
- 조식
- 입장
- 셔틀 버스
- 투숙객
- -에 한해
- 탑승
- 다행이다

3. 잘 듣고 다음 질문에 답하세요.

(1) 들은 내용과 같은 것은 무엇입니까? (답:)

① 투안은 2박 3일 동안 호텔에 묵을 예정입니다.
② 한라산이 보이는 방은 현재 남은 방이 없습니다.
③ 바다 뷰 변경 시 조식 추가 요금 2만원이 더 듭니다.
④ 돈이 없어도 누구나 호텔 셔틀 버스를 탈 수 있습니다.

(2) 대화를 듣고 알 수 없는 내용은 무엇입니까? (답:)

① 호텔 창문 밖에 뭐가 보이나요?
② 예약한 사람 이름이 무엇인가요?
③ 아침을 언제부터 먹을 수 있나요?
④ 공항에서 호텔까지 얼마나 먼가요?

**4. 한국에서 어디에 여행을 가고 싶습니까?
그 지역의 어느 숙소가 마음에 듭니까? 전화 예약을 연습해 보세요.**

읽고 쓰기

1. 우리 사무실에 무슨 물건이 있습니까? 물건의 이름을 이야기해 보세요.

2. 다음 글을 읽어 보세요.

여기는 제가 한 달 전부터 인턴으로 일하고 있는 우리 사무실입니다. 사무실에 열린 창문으로 시원한 바람이 들어와서 아주 상쾌합니다. 그런데 사무실 내 우리 직원들은 오늘 아주 바쁩니다.

과장님이 앉아 계신 책상 위에는 서류들이 잔뜩 쌓여 있습니다. 과장님은 완성된 보고서를 검토하고 새로 제안된 개발안들을 확인하셔야 해서 요즘 굉장히 바쁘십니다. 책상 위에 놓인 컴퓨터는 하루 종일 켜져 있고, 과장님은 컴퓨터와 서류를 번갈아 보며 가끔 정 대리님에게 질문을 던집니다.

정 대리님은 지금 과장님 앞에 서 계십니다. 그렇지만 정 대리님을 찾는 전화가 계속 울려서 과장님과 대화를 하기가 어렵습니다. 정 대리님은 요즘 우리 팀에서 제일 바쁘신 분입니다. 지난주에 체결된 계약 때문에 할 일이 많아졌기 때문입니다. 정 대리님이 바빠서 제가 전화를 대신 받아야 할 때가 많은데 거래처에서 정 대리님과 통화가 잘 안 된다고 불평하는 일이 잦아졌습니다.

우리 팀 직원들이 바빠지니까 저도 덩달아 바빠졌습니다. 회의를 위해 작성된 자료를 복사하고, 구입된 물품을 확인하는 등 여러 가지 일이 많아졌습니다.

우리 사무실 창문 앞에는 큰 화분이 두 개 놓여 있습니다. 사실 저는 꽃을 좋아해서 아침마다 사무실 화분에 물을 주는 일을 맡아서 했습니다. 제가 열심히 물을 주고 키워서 지금 꽃이 예쁘게 피어 있습니다. 하지만 요즘 화분에 물을 줄 시간도 없어서 걱정됩니다.

그래도 우리 회사가 발전하고 성장하니까 바쁜 생활이 즐겁습니다. 바쁘지만 웃음을 잃지 않는 우리 팀과 함께 오랫동안 일했으면 좋겠습니다.

- 상쾌하다
- 햇빛
- 부드럽다
- 잔뜩
- 검토하다
- 제안되다
- 굉장히
- 번갈아 보다
- 질문을 던지다
- 전화가 울리다
- 불평하다
- 잦다
- 덩달아
- 물품
- 화분
- 키우다
- 발전하다
- 성장하다
- 웃음을 잃지 않다

3. 다음 질문에 답하세요.

(1) 사무실의 모습으로 맞는 것을 고르세요. (답:)

① 책상 뒤 창문이 닫혀 있다.
② 과장님 컴퓨터가 꺼져 있다.
③ 서류가 책상 밑에 쌓여 있다.
④ 화분이 창문 앞에 놓여 있다.

(2) 다음 중 정 대리에 대한 설명이 아닌 것을 고르세요. (답:)

① 지금 과장님 앞에 서 있다.
② 거래처에 불평을 자주 한다.
③ 거래처에서 전화가 자주 온다.
④ 지난주에 계약이 이루어져서 바쁘다.

4. 알맞은 말을 골라 쓰세요.

[보기]	잦다 키우다 불평하다

(1) 요즘 강아지나 고양이를 ＿＿＿＿＿ 가족이 늘어난다고 해요.

(2) 그렇게 자꾸 ＿＿＿＿＿ 말고 긍정적으로 생각해 보세요.

(3) 처음 입사했을 때 잘 몰라서 실수가 ＿＿＿＿＿ 지금은 익숙해져서 실수하는 일이 드물어요.

5. 생각해 보세요.

(1) 여러분의 사무실은 어떤 모습입니까? 어디에 무엇이 놓여 있는지 말해 보세요.

(2) 우리 사무실 직원들은 어떤 모습입니까? 바쁜 직원들의 모습을 말해 보세요.

6. 여러분은 어떤 사무실에서 일하고 싶습니까? 어떤 직원들과 일하고 싶습니까?

"10년 후 나의 사무실"의 그림을 그리고 써 보세요.

07 투안 씨가 지각할 리가 없는데요

학습 목표

- 주제: 사고와 안부 확인
- 어휘: 교통사고
- 문법: -대요/래요/재요/내요, -(으)ㄹ 리가 없다

말하기

노우성: 투안 대리 아직 안 왔어요?

이유미: 네. 대리님이 지각할 리가 없는데요. 제가 연락 드려 보겠습니다.

----------------------- 잠시 후 -----------------------

이유미: 과장님, 방금 대리님과 통화가 되었는데요. 회사 오는 길에 교통사고를 당했대요.

노우성: 네? 교통사고요? 많이 다쳤대요?

이유미: 아니요. 다행히 많이 다치지는 않았대요.

노우성: 그래요? 불행 중 다행이네요. 지금 어디래요?

이유미: 지금은 병원인데 다리를 다쳐서 검사를 받는 중이래요. 연락이 늦어서 죄송하다고 전해 달래요. 대리님 때문에 업무에 차질이 생기겠다고 걱정하셨어요.

노우성: 투안 대리도 참! 자기 몸을 먼저 생각해야지. 그 와중에 회사 걱정을 하네요. 다리를 다쳤으면 며칠 회사에 못 나오겠네요.

이유미: 검사 결과를 기다려 봐야 되는데 며칠 입원해야 할 수도 있대요.

노우성: 알겠어요. 투안 대리한테 일단 몸조리 잘하라고 전해 줘요.

1. 다음 표현을 사용하여 문장을 만들어 보세요.

- 불행 중 다행이다
- 차질이 생기다
- 그 와중에

2. 교통사고가 나면 어떻게 해야 합니까? 이야기해 보세요.

듣고 말하기

1. 회사 동료가 결근을 했을 때 여러분은 어떻게 합니까? 이야기해 보세요.

2. 다음의 의미를 확인해 보세요.

- 팀이 돌아가다
- 기특하다
- 아무튼
- 그나저나
- 다재다능하다
- 몫
- 완쾌하다
- 병문안

3. 잘 듣고 다음 질문에 답하세요.

(1) 여자는 왜 남자에게 전화를 했습니까? (답:)

① 방문 날짜를 정하려고
② 검사 결과를 알려 주려고
③ 과장님의 말을 전해 주려고
④ 회사에 생긴 문제를 해결하려고

(2) 들은 것과 같은 것은 무엇입니까? (답:)

① 여자 때문에 회사에 문제가 발생했다.
② 여자는 남자와 같은 팀에서 일을 한다.
③ 남자의 검사 결과는 일주일 후에 나온다.
④ 남자가 없어서 회사 업무가 진행되지 않는다.

4. 교통사고로 입원한 동료에게 여러분은 무슨 이야기를 하겠습니까? 전화로 회사 이야기를 전해 보세요.

읽고 쓰기

1. 교통사고는 언제 많이 발생합니까? 이야기해 보세요.

2. 다음 글을 읽어 보세요.

자주 발생하는 교통사고 유형 5가지

교통사고는 언제 발생할까요? 오늘은 자주 발생하는 교통사고의 유형을 살펴보겠습니다.

첫째, 신호 위반 사고입니다.

신호를 위반해서 다른 차량과 사고가 났을 때는 무조건 가해 차량이 됩니다. 야간에는 거리 감각이 무뎌지기 때문에 각별한 주의가 필요합니다.

둘째, 중앙선 침범 사고입니다.

중앙선이 실선으로 되어 있으면 어떠한 경우라도 넘어서는 안 됩니다. 또한 유턴할 때 유턴 지역을 이용하지 않고 중앙선을 넘어 바로 유턴을 하다가 사고가 나면 중앙선 침범이 됩니다.

셋째, 속도위반 사고입니다.

대부분의 사고는 과속에서 발생한다고 합니다. 속도가 빠르면 제동력이 그만큼 떨어지기 때문입니다. 규정 속도를 반드시 지켜야 합니다.

넷째, 횡단보도 사고입니다.

신호가 바뀌지 않은 상태에서 길을 건너거나 신호가 켜지자마자 달려가다가 사고가 일어나는 경우가 많습니다. 횡단보도를 건널 때는 반드시 신호가 켜진 후에 좌우를 살피고 건너야 합니다.

다섯째, 음주 운전 사고입니다.

'한 잔 정도는 괜찮겠지'하는 생각이 큰 사고로 이어지는 경우가 많습니다. 음주를 한 후에는 어떠한 경우에도 운전을 하면 안 됩니다.

지금까지 자주 발생하는 교통사고 유형에 대해서 알아보았습니다. 오늘도 안전운전 하시기 바랍니다.

- 유형
- 신호위반
- 가해 차량
- 감각이 무뎌지다
- 각별하다
- 실선
- 속도위반
- 과속
- 제동력
- 규정
- 음주운전

3. 다음 질문에 답하세요.

(1) 위 글에서 나온 교통사고 유형이 아닌 것을 고르세요. (답:)

① 빨간불에 좌회전을 하다가 사고가 난 경우
② 중앙선을 넘어서 유턴을 하다가 사고가 난 경우
③ 보행자가 빨간불에 길을 건너다가 사고가 난 경우
④ 고속도로에서 규정 속도로 운전을 하다가 사고가 난 경우

(2) 음주 운전이 위험한 이유는 무엇입니까?

4. 알맞은 말을 골라 쓰세요.

[보기]	각별하다 무뎌지다 위반하다

(1) 감정이 ______ 그런지 슬픈 느낌도 들지 않았다.

(2) 제한 속도를 ______ 차량이 경찰의 단속에 걸렸다.

(3) 어릴 때부터 한 동네에서 자란 두 사람은 아주 ______ 사이다.

5. 생각해 보세요.

(1) 운전을 할 때 과속을 하면 사고가 나기 쉬운 이유가 무엇입니까?

(2) 안전 운전을 위해서 지켜야 할 일에는 어떤 것이 있습니까?

6. 베트남에서 자주 발생하는 "교통사고의 유형과 그 원인"에 대해 이야기해 보고 써 보세요.

	교통사고의 유형	원인
[보기]	속도위반 사고	빨리 가려고 제한 속도를 지키지 않고 과속을 하다가 사고가 발생
1		
2		
3		
4		
5		

08 큰일 날 뻔했네요

학습 목표

- 주제: 병문안
- 어휘: 병문안과 위로
- 문법: -(으)ㄹ까 봐, -(으)ㄹ 뻔하다

말하기

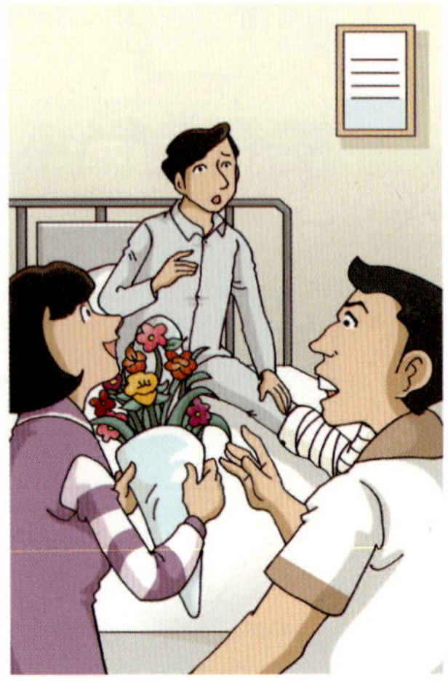

이유미: 대리님, 저희 왔어요.

투 안: 어, 유미 씨, 과장님까지, 이렇게 다들 안 오셔도 되는데….

노우성: 우리 팀원이 다쳤는데 당연히 와 봐야지, 무슨 말이에요?

투 안: 다들 바쁘신데 죄송해서요. 이렇게 와 주셔서 정말 감사합니다.

이유미: 그나저나 대리님, 몸은 좀 괜찮으세요? 영업팀 직원들 모두 얼마나 걱정했는데요.

투 안: 보시다시피 괜찮습니다. 며칠만 입원해 있으면 된대요.

노우성: 역시 투안 씨는 밝아서 좋아요. 그런데 어쩌다가 사고가 난 거예요?

투 안: 그게 제가 집 앞 횡단보도에 서 있었는데요. 회사에 늦을까 봐 급하게 건너다가 지나가는 오토바이하고 부딪쳤어요.

노우성: 저런, 큰일 날 뻔했네요.

투 안: 네, 다행히 정면으로 부딪치지는 않았어요. 검사해 보니까 다리에 금이 가서 한 달 정도 깁스를 하면 괜찮을 거래요.

1. 다음 표현을 사용하여 문장을 만들어 보세요.

- 그나저나
- 보시다시피
- 어쩌다가

2. 병문안을 가면 어떤 이야기를 주고받습니까?
주의해야 할 것은 어떤 것이 있을까요? 이야기해 보세요.

듣고 말하기

1. 여러분은 고마움을 표현하고 싶은 사람이 있습니까? 왜 그렇습니까? 이야기해 보세요.

2. 다음의 의미를 확인해 보세요.

패럴림픽(Paralympics)	방황	장애
금메달리스트	베트남 출신	집안 분위기
절단하다	시어머니	자랑스러워하다

3. 잘 듣고 다음 질문에 답하세요.

(1) 들은 내용과 같은 것은 무엇입니까? (답:)

① 심의현 선수의 가족들은 올림픽 출전을 반대했습니다.
② 심의현 선수는 패럴림픽에서 금메달을 두 개 땄습니다.
③ 심의현 선수는 태어날 때부터 장애를 가지고 있었습니다.
④ 심의현 선수는 아내의 도움으로 운동을 시작하게 되었습니다.

(2) 박희선 씨에 대한 설명으로 맞는 것은 무엇입니까? (답:)

① 베트남에서 태어난 한국 사람입니다.
② 시어머니가 한국 이름을 만들어 주었습니다.
③ 대학교 졸업식에서 남편을 처음 만났습니다.
④ 심의현 선수가 운동하는 모습을 보고 반해서 결혼을 결심했습니다.

4. 지금의 여러분이 있기까지 가장 많은 영향을 준 사람은 누구입니까? 이야기해 보세요.

읽고 쓰기

1. 여러분 주변에 어려움을 잘 극복해 낸 사람이 있습니까? 이야기해 보세요.

2. 다음 글을 읽어 보세요.

저는 대학교 4학년 때 교통사고를 당했습니다. 술에 취한 운전자가 제가 타고 있던 차를 들이받아서 큰 사고가 났습니다. 다행히 생명은 건졌지만 저는 온몸에 3도 화상을 입었습니다. 특히 얼굴을 심하게 다쳐서 서른 번이 넘는 수술을 받아야 했습니다. 처음에는 '나는 아무 잘못도 없는데 왜 내가 이런 고통을 당해야 하나?'하는 생각을 많이 했습니다.

힘들 때마다 저는 '인생은 동굴이 아니라 터널이다'라는 말을 계속 생각했습니다. 너무 어둡고 힘들지만 지금 가는 길 끝에 밝은 빛이 있을 거라고 믿었습니다. 그리고 중간에 포기하면 어두움밖에 못 보지만 포기하지 않고 계속 걸으면 터널 끝에 있는 빛을 볼 수 있을 거라고 생각했습니다.

저는 몇 년 동안 치료를 받고, 미국으로 유학을 가서 사회복지학 공부를 했습니다. 미국에서 12년 동안 공부를 마치고 2016년에 사회복지학 박사 학위를 받았습니다. 그리고 이번 학기부터 한국에 있는 대학교에서 학생들을 가르칠 수 있게 되었습니다. 포기하지 않고 공부하다 보니까 이렇게 좋은 기회가 온 것 같습니다. 앞으로도 저는 어려움 속에서도 포기하지 않으면 다시 일어설 수 있다는 것을 보여 주면서, 사랑으로 학생들을 가르치는 교수가 되겠습니다.

- 들이받다
- 생명을 건지다
- 화상을 입다
- 고통을 당하다
- 어두움
- 포기하다
- 유학을 가다
- 사회복지학
- 박사 학위
- 일어서다

3. 다음 질문에 답하세요.

(1) 읽은 내용과 같은 것은 무엇입니까? (답:)

① 이 사람은 수십 번이 넘는 수술을 했습니다.
② 이 사람이 음주 운전을 하다가 사고가 났습니다.
③ 이 사람은 미국에 있는 대학교 교수가 되었습니다.
④ 이 사람은 사고 직후에 자신의 잘못을 반성했습니다.

(2) 이 사람은 힘들 때마다 무슨 생각을 했습니까?

4. 알맞은 말을 골라 쓰세요.

[보기]	포기하다 일어서다 화상을 입다

(1) 커피를 쏟아서 손에 가벼운 ______.

(2) 어제 열린 축구 대회에서 우리 팀이 3대 0으로 지고 있었지만 끝까지 ______ 않고 싸운 덕분에 역전에 성공했어요.

(3) 경영 상황이 어려울 때도 여러분이 회사를 떠나지 않고 힘을 모아 주셔서 이렇게 다시 ______ 수 있었습니다.

5. 생각해 보세요.

(1) 지금까지 여러분의 인생에서 가장 힘들었던 순간은 언제입니까?

(2) 그 어려움을 어떻게 극복했습니까?

6. "내가 가장 힘들었던 때"에 대해 이야기하고 써 보세요.

	[보기]	내가 가장 힘들었던 때
가장 힘들었던 일	교통사고로 심한 화상을 입음	
그때의 기분과 생각	'왜 내가 이런 고통을 당해야 하나?'	
힘이 되었던 생각이나 좌우명	인생은 동굴이 아니라 터널이다	
그 이후의 변화	- 마음의 변화 - 미국으로 유학을 가서 공부함	
배우거나 느낀 점	포기하지 않고 계속 나아가면 좋은 기회를 얻을 수 있다	
앞으로의 계획	- 포기하지 않으면 다시 일어설 수 있다는 것을 보여 주겠다 - 사랑으로 학생을 가르치겠다	

09 교통사고 당했다면서?

학습 목표

- 주제: 안부
- 어휘: 안부와 근황
- 문법: -다면서(요), 반말

말하기

투 안: 여보세요. 재성아, 웬일이야? 네가 전화를 다 하고.

정재성: 그래, 오랜만이다. 그런데 너 교통사고 당했다면서? 괜찮아?

투 안: 아, 별거 아니야. 다리만 조금 다쳤어. 걱정해 줘서 고마워.

정재성: 친구들이 걱정 많이 했는데 다행이다. 목소리 들으니까 살 만한 것 같네.

투 안: 참, 너 회사 옮겼다면서? 다닐 만해?

정재성: 직장 생활이 다 그렇지, 뭐. 맞다! 나 이번 여름에 베트남에 갈 것 같아.

투 안: 진짜? 무슨 일로?

정재성: 우리 회사가 이번에 베트남 쪽하고 거래를 하는데, 출장으로 가게 될 것 같아.

투 안: 와, 재성이 출세했네. 해외도 다니고. 시간 되면 꼭 만나자! 만나서 회포를 풀어야지.

정재성: 그래. 그때 꼭 볼 수 있었으면 좋겠다. 잘 지내. 또 연락할게.

1. 다음 표현을 사용하여 문장을 만들어 보세요.

- -(으)니까 살 만한 거 같다
- 이/가 다 그렇다
- -게 되다

2. 오랜만에 친구에게 전화를 하면 어떻게 안부를 묻습니까?
요즘 근황을 생각하고 이야기해 보세요.

듣고 말하기

1. 우연히 오래 전 친구와 마주쳤습니다. 그 친구와 무슨 이야기를 할지 생각해 보세요.

2. 다음의 의미를 확인해 보세요.

내내	출판사	먹어대다
(시간) 만	꿈을 이루다	안 그래도
옷차림	아무래도	동창
그대로	홀딱 반하다	마찬가지

3. 잘 듣고 다음 질문에 답하세요.

(1) 두 사람의 관계는 무엇입니까? (답:)

① 동네 선후배
② 중학교 친구
③ 대학교 동창
④ 이전 회사 동료

(2) 들은 내용과 같은 것은 무엇입니까? (답:)

① 두 사람은 그동안 한가하게 지냈습니다.
② 두 사람은 서로의 소식을 잘 몰랐습니다.
③ 마이의 아버지는 베트남에 살고 계십니다.
④ 마이는 베트남 사람들을 위해 책을 만듭니다.

4. 동창회에 간 적이 있습니까? 그곳에서 오랜만에 만난 친구들과 무슨 이야기를 합니까? 들은 것과 비슷하게 이야기해 보세요.

읽고 쓰기

**1. 여행을 가서 가족이나 친구에게 안부 편지를 보낸 적이 있습니까?
그때 편지의 내용이 무엇인지 이야기해 보세요.**

2. 다음 글을 읽어 보세요.

마이에게

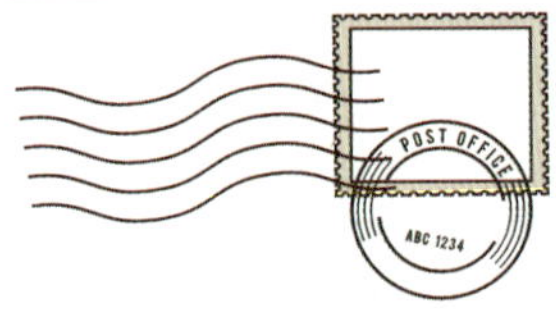

마이야, 잘 지내고 있어? 내가 유럽 여행을 시작한 지도 벌써 한 달이 됐어. 난 지금 로마에 있어. 연일 날씨가 맑아서 돌아다니기 좋아.

로마는 둘러볼 곳이 정말 많은 곳이야. 도시 전체가 박물관 같아. 여기에서 가장 인상 깊은 곳은 역시 콜로세움이었어. 낮에 갔는데 어마어마하게 많은 사람들이 줄지어 서 있었어. 그렇지만 밖에서 보는 콜로세움도 흥미로워서 오랜 시간 기다릴 만했어. 무엇보다 사진에서 본 것보다 훨씬 크고 멋있어서 깜짝 놀랐어. 하지만 한때 이곳에서 검투사들이 목숨을 걸고 싸웠다는 걸 생각하니까 기분이 좀 가라앉았어.

몇 해 전에는 여기에서 오페라 공연을 했다고 해. 이 넓고 아름다운 곳에서 오페라를 감상하면 어떤 기분일까? 너도 음악을 좋아하니까 분명 관심이 있을 것 같은데. 상상만 해도 가슴이 막 뛰어.

로마를 떠나기 전날 밤에 아쉬워서 밖으로 나갔는데 콜로세움은 야경도 무척 아름다웠어. 콜로세움 근처에 숙소가 있었거든. 야경을 놓쳤으면 두고두고 후회할 뻔했어. 기억해 둬. 콜로세움은 낮에 한 번, 밤에 한번 적어도 두 번은 봐야 한다는 것.

여행은 즐겁지만 가끔 힘들기도 해. 빨리 집에 돌아가고 싶을 때도 많아. 그렇지만 다시 올 수 없는 시간들이니까 최선을 다해 즐기려고 해.

넌 어떻게 지내? 회사 일은 여전히 바빠? 이제 열흘 후면 한국에 돌아가니까 그때 가서 보자. 그럼, 건강하게 잘 지내고 있어. 안녕.

20○○년 5월 3일
이탈리아에서 지영이가

연일	흥미롭다	가라앉다	놓치다
둘러보다	무엇보다	오페라(opera)	두고두고
인상(이) 깊다	한때	분명	적어도
어마어마하다	검투사	상상(하다)	열흘
줄지어 서 있다	목숨을 걸다	짬이 나다	

3. 다음 질문에 답하세요.

(1) 읽은 것과 같은 것을 고르세요. (답:)

① 콜로세움은 과거에 검투사들의 경기장이었다.
② 콜로세움에서 정기적으로 오페라 공연을 한다.
③ 지영이는 콜로세움의 야경을 볼 수 없어서 아쉬웠다.
④ 지영이는 콜로세움에 입장하기 위한 대기 시간이 지루했다.

(2) 지영이가 콜로세움을 여행할 때 기억해야 한다고 쓴 것은 무엇입니까?

4. 알맞은 말을 골라 쓰세요.

[보기]	두고두고	짬이 나다	가라앉다	놓치다

(1) 오늘 시간 어때? ________ 나랑 같이 영화 보러 가자.

(2) 나중에 ________ 후회하지 않으려면 지금 열심히 해야 해.

(3) 공연이 끝났지만 아직도 흥분이 ________ 않았어.

(4) 축구 경기 예매했지? 이번 경기를 ________ 1년을 기다려야 해.

5. 생각해 보세요.

(1) 여행한 곳 중에서 인상 깊은 곳이 있습니까? 어떤 곳입니까? 왜 인상이 깊었습니까?

(2) 다른 사람에게 그곳을 소개할 때 꼭 기억해야 한다고 말하고 싶은 것이 있습니까?

6. 여행을 하면서 간단히 메모를 합니다. 그리고 그 메모를 사용해서 친구에게 편지를 써 보세요.

일주일 휴가, 겨울

______ 로/으로 여행을 왔다.

______ 박 ______ 일 예정.

______ 이/가 아주 아름답다, 날씨가 ______,

사람들이 ______, 경치가 ______,

음식이 ______,

기분이 ______.

다음에 오면 ______.

______ 에게

______ 야/이야. 그동안 어떻게 지냈어?

나는 어제 ______ 에 여행을 왔는데

______ 동안

10

저희 제품이 좋은 평가를 받았다니 기쁩니다

학습 목표

- 주제: 계약 전
- 어휘: 제품 평가
- 문법: -다니(까), 에 대해(서)

말하기

투 안: 여보세요. 베한전자 영업팀 투안입니다.

한송희: 안녕하세요? 저는 한국병원 총무팀 한송희입니다. 베한전자 제품에 관심이 있어서 연락 드렸습니다.

투 안: 그러세요? 어떤 게 궁금하세요?

한송희: 저희가 이번에 하노이에 종합 병원을 개원합니다. 그래서 병실과 각 층 휴게실에 텔레비전을 설치하려는데요. 베한 텔레비전이 우수하다는 말을 들었습니다.

투 안: 저희 제품이 좋은 평가를 받았다니 기쁩니다. 직접 뵙고 제품에 대해 설명 드리고 싶은데요. 언제쯤 방문하면 좋을까요?

한송희: 다음 주 수요일 오전이 가능할 것 같은데 어떠세요?

투 안: 네, 좋습니다. 어디로 찾아가면 될까요?

한송이: 자세한 시간과 주소는 메일로 보내 드리겠습니다.

투 안: 그럼 연락 기다리겠습니다. 감사합니다.

1. 다음 표현을 사용하여 문장을 만들어 보세요.

- 에/에게 관심이 있다
- -다는 말을 (많이/자주) 듣다
- 이/가 가능하다

2. 전자 제품을 구입할 때 무엇을 우선으로 봅니까?
중요하게 생각하는 것이 무엇인지 이야기해 보세요.

듣고 말하기

1. 가전제품의 구입을 결정하는 요인(디자인, 내구성, 수명)이 무엇인지 이야기해 보세요.

2. 다음의 의미를 확인해 보세요.

잘 나가다	충전하다	힘쓰다
무선	떨어지다	을/를 대상으로
겉모습	오래 가다	상당히
결과물	기술 개발	후회하다

3. 잘 듣고 다음 질문에 답하세요.

(1) 남자의 태도가 어떻습니까? (답:)

① 긴장해서 떨고 있다.
② 급하게 서두르고 있다.
③ 조심스럽게 말하고 있다.
④ 자신 있게 이야기하고 있다.

(2) 제품에 대한 설명으로 맞는 것은 무엇입니까? (답:)

① 다른 제품과 겉모습이 크게 다르다.
② 소비자에게 설문조사를 할 예정이다.
③ 3년간 사용하면 새 제품으로 교환해 준다.
④ 기술 개발을 통해 배터리 품질을 개선하였다.

4. 소비자에게 추천할 만한 회사의 제품을 생각하고 그 제품의 특징과 강점을 중심으로 소개해 보세요.

읽고 쓰기

1. 다음 그림을 보고 텔레비전의 변화에 대해 이야기해 보세요.

2. 다음 글을 읽어 보세요.

매년 11월 21일은 유엔(UN: United Nations)이 정한 '세계 텔레비전의 날'이다. 텔레비전은 현대 사회에서 중요한 역할을 담당하였다. 우리는 텔레비전을 통해 정보를 빠르게 전달 받을 수 있다. 특히 텔레비전으로 세계 곳곳의 소식을 생생하게 보고 들을 수 있다. 텔레비전이 세계를 지구촌으로 만드는 역할을 하였다.

한국에서는 1966년에 최초로 텔레비전이 생산되었는데, 네모난 상자 안에 브라운관이 들어 있는 모습의 흑백 TV이었다. 10년쯤 후에 컬러 TV가 생산되었고, 1980년대부터 집집마다 컬러 TV를 놓기 시작하였다. 삼삼오오 텔레비전을 보면서 이야기하는 모습이 일상이 되었다.

십수 년 동안 텔레비전은 발전을 거듭하였다. 크고 무거운 브라운관이 사라지고, 액정의 두께가 얇아졌다. 화질과 음성은 더욱 선명해졌다. 최근에는 인터넷 검색도 할 수 있는 스마트 텔레비전이 출시되고 있다. 여러 화면을 동시에 볼 수 있는 멀티스크린 기능을 추가한 제품도 있다.

- 생생하게
- 동일한
- 지구촌
- 네모나다
- 브라운관
- 집집마다
- 삼삼오오
- 일상
- 수년 동안
- 거듭하다
- 액정
- 멀티스크린(multiscreen)

3. 다음 질문에 답하세요.

(1) 글의 제목으로 알맞은 것을 고르세요. (답:)

① 텔레비전의 빠른 발전
② 텔레비전의 역할과 역사
③ 최신 텔레비전이 갖춘 기능
④ 한국 텔레비전의 뛰어난 기술력

(2) 읽은 것과 다른 것을 고르세요. (답:)

① 인터넷 기능을 추가한 텔레비전이 만들어졌다.
② 한국에서 1996년 최초로 컬러 텔레비전이 생산됐다.
③ 텔레비전을 통해 여러 나라들을 가깝게 느낄 수 있다.
④ 국제기구에서 텔레비전을 위한 날을 정하여 기념한다.

4. 알맞은 말을 골라 쓰세요.

[보기] 담당하다 생생하다 되다 거듭하다

(1) 회사 소식을 언론에 알리는 역할을 ______ 있다.

(2) 그림이 아주 ______ 사진이라고 착각했다.

(3) 달리기를 시작한 지 1년이 지났다. 이제 일어나자마자 운동화를 신는 것이 일상이 ______.

(4) 우리 회사는 연구를 ______ 품질을 개선하였다.

5. 생각해 보세요.

(1) 텔레비전이 사람들에게 어떠한 영향을 주었습니까?

(2) 앞으로 텔레비전이 어떻게 변화할 것 같습니까?

6. 텔레비전에 어떠한 기능이 추가되면 좋을까요? 성능이나 디자인은 어떻게 개선될 수 있을까요? 신제품을 상상하고 써 보세요.

현재(성능, 기능, 디자인, 개선점)	신제품 아이디어

11

열심히 노력하더니 좋은 일이 생겼네요

학습 목표

- 주제: 보람, 칭찬
- 어휘: …력
- 문법: -더니, -기는(요)

말하기

정세아: 투안 씨, 새로운 거래처가 생겼다고 들었는데요.

투 안: 네. 한국병원에서 먼저 연락이 왔는데 잘하면 큰 거래처가 되겠어요.

정세아: 여기저기 열심히 뛰어다니더니 좋은 일이 생겼네요. 투안 씨, 역시 대단해요.

투 안: 대단하기는요. 아직 확실하게 정해진 것은 없어요. 다음 주 수요일 회의를 하고 나면 결정될 거예요.

정세아: 잘되겠죠. 우리 제품은 성능이 우수하고 가격도 저렴하니까 경쟁력이 있어요. 걱정 마세요.

투 안: 하지만 요즘 금빛전자가 무서운 속도로 우리를 따라잡고 있어서 마음을 놓을 수 없어요.

정세아: 하긴 예전에는 우리 상대도 안 되더니 요즘은 잘 나가더라고요.

투 안: 오늘부터 열심히 준비해야겠어요.

1. 다음 표현을 사용하여 문장을 만들어 보세요.

- 경쟁력이 있다/없다
- 을/를 따라잡다
- 하긴

2. 입사하기 전과 후에 달라진 점(외모, 인간관계, 생활 습관, 목표나 생각 등)이 있습니까? 무엇이 달라졌는지 이야기해 보세요.

듣고 말하기

1. 매일 꾸준히 하는 일이 무엇인지 이야기해 보세요.

2. 다음의 의미를 확인해 보세요.

빠지다	넘치다	열심이다
은/는 물론이고	싸다	한가하다
또박또박	익히다	즐기다

3. 잘 듣고 다음 질문에 답하세요.

(1) 두 사람이 무엇에 대해 이야기하고 있습니까? (답:)

① 마이 씨의 변화
② 마이 씨가 맡은 업무
③ 마이 씨의 한국어 공부
④ 마이 씨가 잘하는 운동

(2) 들은 내용과 같은 것은 무엇입니까? (답:)

① 여자는 요즘 무척 바쁘다.
② 마이는 도시락을 먹으면서 공부한다.
③ 마이는 입사 때부터 한국어를 잘했다.
④ 남자는 여자와 함께 휴가를 가려고 한다.

4. 지금과 달라지고 싶은 모습이 있습니까? 무엇을 하면 좀 더 좋은 모습으로 변할 수 있을까요? 그것을 위해 꾸준히 해야 할 일이 무엇인지 이야기해 보세요.

읽고 쓰기

1. 오래간만에 만난 친구나 동료들의 모습이 어떻게 달라졌습니까? 생각해 보고 이야기해 보세요.

2. 다음 글을 읽어 보세요.

오늘은 동기 모임이 있는 날입니다. 동기들은 모두 스무 명인데, 신입 사원 교육에서 처음 만났습니다. 한 달 동안 동고동락하면서 가족 같아졌습니다. 교육이 끝나고 헤어질 때, 우리는 두 달에 한 번씩 꼭 만나자고 약속했습니다. 그리고 그 모임이 2년이 지난 지금까지 이어지고 있습니다.

지금 제 옆에 황이 앉아 있습니다. 황의 주변에는 언제나 웃음소리가 가득합니다. 어색한 분위기도 황이 있으면 금세 좋아집니다.

로안은 처음 만날 때부터 한국어 실력이 아주 뛰어났습니다. 신입생 교육 때에도 한국어 통역을 맡아 했습니다. 그러더니 최근에 한국 지사로 발령을 받았다고 합니다. 로안은 다음 달에 한국으로 갈 겁니다.

타이는 조용하고 생각이 많은 편입니다. 원래 타이는 생산부 소속이었습니다. 그런데 일하기 시작한 지 얼마 안 돼서 타이는 제품을 개선하는 방안을 상사에게 보고하기 시작했습니다. 회사에서 그 아이디어를 듣더니 타이를 연구개발 부서로 옮겼습니다.

조금 전에 마이가 들어왔습니다. 마이는 무엇이든 열심히 하는 친구입니다. 모두 마이가 빨리 성공할 거라고 했습니다. 예상대로 마이는 동기 중에서 제일 먼저 대리로 승진했습니다.

우리가 모인 이 식당의 주인은 바로 저입니다. 저는 입사 1년 후에 회사를 그만두고 식당을 열었습니다. 동기 모임은 항상 제 식당에서 열립니다. 동기들은 그때마다 말합니다.

"응웬, 너 먹을 것을 그렇게 좋아하더니…. 우린 네가 식당 주인이 될 줄 알았어."

동기	가득하다	발령을 받다	(으)로 옮기다
동고동락(하다)	어색하다	원래	무엇이든
이어지다	금세	개선하다	예상대로

3. 다음 질문에 답하세요.

(1) 읽은 내용과 같은 것을 고르세요. (답:)

① 황이 있으면 분위기가 어색해집니다.
② 마이는 동기들보다 늦게 대리가 됐습니다.
③ 로안은 한국어를 배우러 한국에 갈 겁니다.
④ 타이는 좋은 아이디어 덕분에 부서를 옮겼습니다.

(2) 응웬에 대한 설명으로 맞는 것을 고르세요. (답:)

① 동기들과 함께 식당을 운영합니다.
② 퇴사하고 나서 식당을 개업했습니다.
③ 예전에는 먹는것에 관심이 없었습니다.
④ 신입 사원 교육에서 요리를 배웠습니다.

4. 알맞은 말을 골라 쓰세요.

[보기]	금세	원래	무엇이든	예상대로

(1) ________ 배워 놓으면 쓸 일이 있을 것이다.

(2) 지수는 너무 피곤해서 침대에 눕자마자 ________ 잠들었다.

(3) ________ 내 꿈은 회사원이 아니라 작가였다.

(4) 역시 ________ 마이가 대리로 승진했다.

5. 다음을 읽고 무슨 의미인지 생각해 보세요.

"생각을 조심하라. 그것이 너의 말이 된다. 말을 조심하라. 그것이 너의 행동이 된다. 행동을 조심하라. 그것이 너의 습관이 된다. 습관을 조심하라. 그것이 너의 인격이 된다. 인격을 조심하라. 그것이 너의 운명이 될 것이다."

6. 다른 사람들의 성격, 습관을 생각하고 그 때문에 생긴 결과를 표에 쓰세요. 표를 사용해서 그 사람들에 대한 글을 써 보세요.

이름	성격, 습관	결과
마이	항상 열심히 한다	제일 먼저 승진했다

12 사용하시다가 보면 무척 만족하실 겁니다

학습 목표

- 주제: 가격 협상과 계약 체결
- 어휘: 가격 협상
- 문법: -(으)ㄹ 뿐만 아니라, -다(가) 보면

말하기

한송희: 투안 대리님, 이렇게 와 주셔서 감사합니다. 이분은 이호철 팀장님입니다.

투 안: 안녕하십니까? 베한전자 영업팀 대리 투안입니다.

이호철: 안녕하세요? 보내 주신 자료 잘 확인했습니다. 베한전자 제품이 타제품보다 우수하더라고요.

투 안: 감사합니다. 저희 베한전자는 품질 관리뿐만 아니라 사후 관리까지 책임지고 있습니다. 그래서 사용하시다가 보면 무척 만족하실 겁니다.

이호철: 좋습니다. 그런데 납품 단가를 좀 조정할 수 있을까요?

투 안: 단가는 아시다시피 최대한 낮추어서 제시한 것입니다.

이호철: 그래도 조금이라도 조정해 주시면 저희 쪽에서도 긍정적으로 생각할 수 있겠습니다.

투 안: 잠시만요. 만약 이번에 우리 제품을 천 대 이상 계약하시면 여기 제시한 금액보다 약 3% 정도 낮출 수 있을 것 같습니다.

이호철: 그래 주시면 고맙겠습니다. 그럼 그렇게 알고 좀 더 세부적인 사항은 한송희 대리와 이야기 나누시면 되겠습니다.

투 안: 네, 그렇게 하겠습니다.

1. 다음 표현을 사용하여 문장을 만들어 보세요.

- 만족하다
- 제시하다
- 세부적이다

2. 거래처와 가격 협상을 성공적으로 진행하기 위한 방법에는 어떤 것이 있습니까? 이야기해 보세요.

듣고 말하기

1. 여러분 회사 휴게실에 무엇이 있습니까? 이야기해 보세요.

2. 다음의 의미를 확인해 보세요.

6인실	벽걸이형	연결봉
소형	천장형	병상
설치하다	구조	소요되다

3. 잘 듣고 다음 질문에 답하세요.

(1) 들은 내용과 같은 것은 무엇입니까? (답:)

① 6인실 병실에는 큰 TV를 설치하는 것이 좋다.
② 남자는 여자를 만나기 전에 휴게실의 구조를 살펴봤다.
③ 여자는 6인실 병실에 벽걸이형 TV를 설치하려고 한다.
④ 천장형 TV가 벽걸이형 TV에 비해 설치가 오래 걸린다.

(2) 남자가 다음에 할 행동으로 맞는 것은 무엇입니까? (답:)

① 여자와 함께 TV를 고른다.
② 여자와 함께 휴게실에 간다.
③ 6인실 병실에 TV를 설치한다.
④ 휴게실에 있는 벽걸이 TV를 교체한다.

4. 여러분이 텔레비전을 구매할 때 중요하게 생각하는 것은 무엇입니까? 함께 이야기해 보세요.

읽고 쓰기

1. '협상의 달인'이라는 말을 들어 봤습니까? 무슨 뜻인지 이야기해 보세요.

2. 다음 글을 읽어 보세요.

영업을 하다가 보면 거래처 또는 고객들과 협상을 해야 할 때가 많다. 오늘은 협상의 달인이 될 수 있는 다섯 가지 방법에 대해 알아보자.

1. 먼저 제안한다.
2. 정확한 수치를 제안하지 않는다.
3. 상대방이 원하는 것을 찾아낸다.
4. '앞으로의 가능성'에 대해 이야기하는 것도 효과적이다.
5. 협상 테이블에 논의하고 싶은 세부 항목들을 모두 올려놓는다.

먼저 제안하는 것이 필요한 이유는 처음 이야기하는 사람이 제시한 카드가 표준이 될 확률이 높기 때문이다. 이를 통해 협상의 주도권을 잡을 수 있다. 그리고 하나의 액수가 아니라 범위를 두어 제안하면 상대방이 협상에 융통성이 있다고 판단할 수 있다.

뿐만 아니라 상대방이 원하는 것을 정확히 알아내는 것은 매우 중요하다. 이를 통해 매력적인 협상 조건을 만들어 낼 수 있을 뿐만 아니라 서로가 윈윈(winwin)하는 결과를 만들어 낼 수 있다. 그리고 현재의 상황보다 미래에 대한 이야기가 통하는 경우가 있다. 특히, 잠재적 능력이 뛰어나다고 볼 수 있는 경우 상대방으로 하여금 좋은 투자를 하게 된다는 이미지를 줄 수 있다.

마지막으로 협상은 한번 끝나면 다시 물리거나 재협상을 하기 매우 어렵다. 따라서 협상이 진행 중일 때 원하는 것을 확실하게 전달해야 한다. 그리고 큰 주제에 대해 이야기하면서 세부 항목에 대한 것도 잘 챙길 수 있도록 해야 한다.

협상의 달인	확률	융통성	물리다
카드	주도권을 잡다	윈윈(winwin)하다	재협상
표준	범위	잠재적	세부 항목

3. 다음 질문에 답하세요.

(1) 윗글의 내용과 일치하지 않는 것을 고르세요. (답:)

① 얼마에서 얼마까지로 가격을 제안하는 것이 좋다.
② 협상의 주도권을 잡으려면 먼저 제안하는 것이 좋다.
③ 상대방이 원하는 것을 확실하게 알아내는 것이 필요하다.
④ 상대방과 공통적인 큰 항목 위주로 협상을 진행해야 한다.

(2) '앞으로의 가능성'에 대해 이야기하는 것이 왜 효과적입니까?

4. 알맞은 말을 골라 쓰세요.

[보기]	달인 주도권을 잡다 잠재적

(1) 신기술 개발에 성공한다면 업계의 ________________.

(2) 투안의 축구 솜씨는 ________________ 경지에 올랐다고 할 수 있다.

(3) 이번 계약에서 우리 회사의 ________________ 가능성을 높게 평가받았다.

5. 생각해 보세요.

(1) 협상에서 융통성이 필요한 이유는 무엇입니까?

(2) 협상의 주도권을 잡기 위해서는 어떻게 해야 합니까?

6. 여러분이 생각하는 "협상의 기술"에 대해 이야기해 보고 써 보세요.

	협상의 기술	원인
[보기]	먼저 제안하기	먼저 제안하는 이유는 처음 이야기하는 사람이 제시한 카드가 표준이 될 확률이 높기 때문이다. 이를 통해 협상의 주도권을 잡을 수 있다.
1		
2		
3		

13 성능 향상이야말로 가장 신경 써야 할 부분입니다

학습 목표

- 주제: TF 회의
- 어휘: 사동 표현
- 문법: 사동사, (이)야말로

말하기

하민규: 지금부터 TF팀 첫 회의를 시작하겠습니다.
아시다시피 우리는 노트북 신제품 개발을 위해 이 자리에 모였습니다. 각자 맡은 바 최선을 다해 주시기 바랍니다.

최윤지: 팀장님, 이번 신제품은 성능을 향상시켜야 한다고 들었습니다. 경쟁 업체들도 성능을 높이고 있다고 하더라고요.

하민규: 아닌 게 아니라 성능 향상이야말로 가장 신경 써야 할 부분입니다.

프　엉: 그런데 요즘은 가벼운 노트북이 유행하고 있습니다. 저는 무게를 줄이는 것도 중요하다고 생각합니다.

박기태: 기존 노트북보다 더 가볍게 하고 성능을 높이려면 판매 가격을 올릴 수밖에 없습니다. 그러면 매출이 감소하지 않을까요?

투　안: 제 생각은 좀 다릅니다. 제품이 좋으면 비싸도 잘 팔리는 거 아닙니까? 우리 제품이 최고의 성능을 보여 주면 틀림없이 매출도 증가할 겁니다.

하민규: 요즘 경쟁사들의 제품을 조사해 볼 필요가 있겠네요. 투안 대리와 최 대리는 이번 주에 성능, 무게, 가격 등을 중심으로 여러 노트북을 비교해 보도록 하세요.

프　엉: 그럼, 기태 씨와 저는 우리 기존 제품의 문제점과 개선 방안을 찾아보겠습니다.

1. 다음 표현을 사용하여 문장을 만들어 보세요.

- 아시다시피
- 틀림없이
- 을/를 중심으로

2. 우리 회사에서도 TF팀을 구성합니까? 어떤 업무를 위한 팀입니까? 이야기해 보세요.

듣고 말하기

1. 회의를 시작할 때 어떻게 말합니까? 회의에서 다른 직원과 의견이 다르다면 어떻게 말해야 합니까? 이야기해 보세요.

2. 다음의 의미를 확인해 보세요.

시작하기에 앞서	외에	재분배	합류하다
인정받다	추가되다	최근	조정
과찬이다	역량을 발휘하다	납품	매장 관리
기존 업무	안건	건	넘어가다

3. 잘 듣고 다음 질문에 답하세요.

(1) 들은 내용과 같은 것은 무엇입니까? (답:)

① TF팀 구성을 위한 회의를 하고 있다.
② 투안이 능력을 인정받아 승진을 했다.
③ 투안은 매장 관리를 유미에게 인계해야 한다.
④ 유미는 홈페이지 관리 전체를 현주에게 맡겼다.

(2) 대화 후에 이어질 내용은 무엇입니까? (답:)

① 지난 회의 내용 정리
② 투안 대리의 업무 인계
③ 거래처 납품에 대한 논의
④ 업무 재분배에 대한 불만

4. 우리 회사는 무엇에 대한 회의를 많이 합니까?
다음과 같은 상황에서 회의를 통해 해결 방법을 이야기해 보세요.

- 납품일이 다가오는데 기계가 고장이 나서 제품 생산을 기일에 맞추기 어렵다.
- 내가 하는 업무가 과중해서 힘들다. 그런데 다른 직원들도 바쁘다.

읽고 쓰기

1. 신제품을 개발하기 위해서는 새로운 아이디어가 필요합니다. 어떻게 하면 독창적인 아이디어를 생각할 수 있습니까? 이야기해 보세요.

2. 다음 글을 읽어 보세요.

독창적인 아이디어를 창출하는 법

신제품을 개발하려면 먼저 좋은 아이디어가 필요하다. 그 아이디어를 어떻게 찾을 수 있을까? 지금부터 독창적인 아이디어를 창출하는 방법을 소개하려고 한다.

첫째, 새로운 아이디어를 위해서는 많은 자료를 찾아야 한다. 소비자 설문 조사, 잡지, 신문 기사, 경쟁사 제품에 대한 자료, 소비자의 사용 후기, 영업팀과 소비자 상담실의 이야기 등 내가 찾을 수 있는 모든 자료를 읽어 봐야 한다. 신제품 아이디어는 책상에 앉아서 기다릴 때 떠오르지 않는다. 생각하다가 그냥 갑자기 떠오른 아이디어가 신제품이 되는 일은 별로 없다. 많은 자료를 찾다가 보면 새로운 아이디어가 떠오르고, 제품과 연결해서 생각하다가 보면 더 괜찮은 아이디어가 나올 수 있다.

아이디어를 창출하는 두 번째 방법은 기존 제품의 단점을 나열하는 것이다. 단점을 통해 바꿔야 할 점과 대안을 생각할 수 있다. 이 방법으로 기존 아이디어에 새로운 점을 더할 수 있을 것이다. 독창적인 아이디어를 얻으려고 많은 사람들은 아무것도 없는 상태에서 새로운 것을 생각해 내려고 한다. 하지만 현재 제품의 문제를 해결할 수 있는 방법을 찾아낸다면 이것을 새로운 아이디어로 전환할 수 있을 것이다.

아이디어를 창출하는 세 번째 방법은 희망을 나열하는 것이다. 이것은 내가 바라는 제품은 어떤 제품인지 생각나는 것을 모두 써 보면 된다. 그런 희망하는 것이 모이면 새로운 아이디어가 나올 수 있다. 내가 바라는 제품은 고객들이 바라는 제품이 될 수 있을 것이다.

물론 지금까지 찾은 아이디어를 모두 이용하여 신제품을 만들 수는 없다. 그러나 이런 방법으로 떠올린 많은 아이디어를 정리한다면 우리 회사에 맞는 독창적인 아이디어를 찾을 수 있을 것이다.

- 독창적이다
- 아이디어
- 창출하다
- 소비자
- 설문 조사
- 사용 후기
- 상담실
- 떠오르다
- 연결하다
- 기존 제품
- 나열하다
- 대안
- 더하다
- 아이디어를 얻다
- 상태
- 생각해 내다
- 찾아내다
- 전환하다
- 희망
- 바라다

3. 다음 질문에 답하세요.

(1) 윗글의 내용과 다른 것을 고르세요. (답:)

① 아이디어 창출을 위해 소비자의 생각을 듣는 일이 필요하다.
② 기존 제품의 단점을 해결하지 않으면 신제품을 만들 수 없다.
③ 새로운 아이디어를 찾으려면 바라는 것을 써 보는 것이 좋다.
④ 기존 제품의 문제점을 생각하다 보면 아이디어를 찾을 수 있다.

(2) 윗글은 다음 중 어떤 사람이 읽으면 좋습니까? (답:)

① 짱: 내일은 신제품을 소비자들에게 테스트하는 날이에요.
② 하: 이번 주에 거래처와 신제품 판매 계약을 하게 됐어요.
③ 띠엔: 다음 주에 신제품 개발을 위해 첫 회의를 할 거예요.
④ 마이: 지난주에 신제품이 나와서 홍보 방안을 생각해야 돼요.

4. 알맞은 말을 골라 쓰세요.

[보기]	창출하다	떠오르다	나열하다	바라다

(1) 새해에는 ________ 일을 모두 이루셨으면 좋겠습니다.

(2) 좋은 생각이 ________ 망설이지 말고 이야기해 주세요.

(3) 부장님은 연말 실적이 향상된 이유를 몇 가지 ________

5. 생각해 보세요.

(1) 좋은 아이디어로 인기 상품이 된 제품을 찾아서 이야기해 보세요.

(2) 우리 제품의 단점과 제품에 대해서 내가 바라는 점을 생각해 보세요.

6. 기존 제품의 단점과 내가 제품에 대해 바라는 점을 생각해 보고 좋은 아이디어를 써 보세요.

	[보기]	내 생각
제품	컵라면	
단점	1. 매운 맛이 강하다. 2. 너무 뜨거워서 손으로 잡기 어렵다.	
바라는 점	1. 다른 라면과 다른 특징이 있으면 좋겠다. 2. 가격이 더 싸면 좋겠다. 3. 더 부드러운 맛의 라면을 먹고 싶다.	
아이디어	1. 치즈를 넣어서 매운 맛을 줄이고 부드러운 맛을 낼 수 있다. 2. 윗부분과 바닥을 두껍게 만들어서 손으로 잡을 수 있게 한다. 3. 면을 가늘게 해서 가격을 낮춘다.	

14 눈길을 끄는 노트북들이 많던데요

학습 목표

- 주제: 시장 조사
- 어휘: 관용 표현 '눈'
- 문법: -(으)ㄴ가/나 보다, -던데요/-던가요

말하기

최윤지: 시장에 나가 보니 경쟁사 제품 말고도 눈길을 끄는 노트북들이 많던데요. 노트북 화면이 분리되는 제품도 있었고, 게임을 위한 특별한 기능이 있는 노트북도 있었어요.

투 안: 그래요? 제가 다녀온 곳은 백화점 내 매장이라서 다양한 제품보다는 주요 브랜드 노트북을 위주로 팔고 있었어요.

최윤지: 눈에 띄는 제품이 있던가요?

투 안: 한국전자 제품이 제일 잘 나가더라고요. 그 한국전자 노트북이 꽤 좋은가 봐요.

최윤지: 그래요? 그 회사 노트북은 대부분 비싸던데요.

투 안: 네. 그런데 백화점 매장 직원한테 물어보니까 성능이 뛰어나고 속도가 빠르면 잘 팔린다고 하더라고요.

최윤지: 백화점 고객들은 눈이 높고 구매력도 있어서 가격보다 성능을 중요하게 생각하는 것 같아요. 제가 다녀온 전자 상가에서는 중저가 제품을 더 선호하던데요.

투 안: 그렇군요. 시장에서 좋은 성과를 내려면 주요 타깃을 정하고 고객의 필요에 맞춰서 개발해야겠어요.

1. 다음 표현을 사용하여 문장을 만들어 보세요.

- -(으)ㄴ/는 기능이 있다
- 잘 나가다
- 선호하다

2. 우리 회사 제품의 주요 타깃은 누구입니까? 그 제품은 고객의 요구를 잘 반영하고 있습니까? 이야기해 보세요.

듣고 말하기

1. 고객이 우리 제품에 대한 불만을 제기하면 어떻게 해야 합니까? 이야기해 보세요.

2. 다음의 의미를 확인해 보세요.

소비자 불만 접수 대장	개선하다	당연히	믿다
올리다	너무하다	농부	넘기다
깨지다	받아주다	대단하다	
불만을 제기하다	고구마	불티나게	

3. 잘 듣고 다음 질문에 답하세요.

(1) 여자가 고구마 세탁기 이야기를 통해 하고 싶은 말은 무엇입니까? (답:)

① 회사는 고객의 불만을 바로 해결해 줘야 한다.
② 고객 불만을 다 받아 주기만 하면 손해를 볼 수 있다.
③ 고객의 불만을 반영하여 더 좋은 제품을 만들 수 있다.
④ 제품을 개선하려면 고객 불만 접수 대장이 꼭 필요하다.

(2) 두 사람이 대화 후에 할 일은 무엇입니까? (답:)

① 불만 접수를 위한 인터뷰
② 제품 개선 방안에 대한 회의
③ 소비자 불만 접수 대장 확인
④ 고구마 세탁기에 대한 정보 검색

4. 가게에서 일할 때 다음과 같은 고객이 있으면 어떻게 하겠습니까?

- 여러 번 신은 신발을 사이즈가 안 맞으니까 바꿔달라고 화를 내는 고객

- 우리 가게의 가위를 사용하다가 손을 다쳤으니까 병원비를 달라고 하는 고객

읽고 쓰기

1. 우리 제품이 잘 팔리는지, 소비자의 반응이 어떤지 알고 싶으면 어떻게 합니까?

2. 다음 글을 읽어 보세요.

우리 회사는 현재 국내 건강 음료 업계에서 판매 순위 1위를 차지하고 있다. 우리 회사에서 제일 잘 팔리는 제품은 녹차 음료수이다. 그러나 최근 경쟁업체에서 새로운 녹차 음료를 출시하면서 1위 자리를 무섭게 추격하고 있다. 그래서 이번에 우리 회사에서는 녹차 말고 다른 재료로 새로운 건강 음료를 개발하기로 했다.

오늘은 박 팀장님과 함께 시장 조사를 하러 마트에 갔다. 그곳은 우리 도시에서 가장 큰 마트라서 국내에서 판매되고 있는 다양한 종류의 음료수를 볼 수 있었다. 사전 조사에서 본 것처럼 건강 음료의 재료는 녹차 음료가 가장 많았고, 대부분 칼로리가 낮고 건강에 좋다는 말이 쓰여 있었다. 판매 직원과 잠깐 이야기를 나눴는데, 요즘은 탄산음료나 주스보다 건강 음료가 더 잘 팔린다고 했고 특히 젊은 사람들과 가족들이 녹차를 즐겨 찾는다고 했다. 예전보다 건강에 대해 관심을 갖는 사람들이 많아진 것 같았다.

오늘 시장 조사를 하면서 우리 제품이 어디에 있는지 찾아 봤다. 예전에는 우리 회사의 녹차 음료가 제일 잘 보이는 곳에 진열되어 있었는데, 오늘은 그 자리에 경쟁업체의 녹차 음료가 진열되어 있었다. 그리고 그 제품은 할인 이벤트를 하고 있었다. 판매 직원한테 물어봤더니 그 제품은 자주 할인 이벤트를 하고, 이벤트를 진행한 후부터 우리 제품을 찾는 소비자의 수가 조금 감소했다고 말했다. 그 이야기를 들으니 조금 아쉬운 마음이 들었다. 이번에 소비자의 눈길을 끌 수 있는 신제품을 개발해서 우리 제품이 가장 눈에 띄는 자리에 진열되었으면 좋겠다.

- 건강 음료
- 업계
- 판매 순위
- 1위를 차지하다
- 녹차
- 최근
- 출시하다
- 무섭게 추격하다
- 사전 조사
- 칼로리
- 판매 직원
- 이야기를 나누다
- 탄산음료
- 주스
- 젊은 사람
- 관심을 갖다
- 진열되다
- 할인 이벤트
- 감소하다
- 아쉽다

3. 다음 질문에 답하세요.

(1) 이 글의 내용과 다른 것을 고르세요. (답:)

① 요즘 소비자들은 건강에 대한 관심이 높다.
② 우리 제품은 할인 이벤트를 진행하고 있다.
③ 우리 회사는 녹차 음료를 만들어서 판매중이다.
④ 최근 다른 회사의 녹차 음료 판매량이 늘어났다.

(2) 이 사람이 바라는 것은 무엇입니까? (답:)

① 우리 회사에서 개발할 신제품이 인기를 끄는 것
② 우리 도시에서 가장 큰 마트에 우리 제품이 진열되는 것
③ 우리 회사가 건강에 좋고 칼로리가 낮은 제품을 출시하는 것
④ 우리 회사 녹차 음료가 건강 음료 업계에서 1위를 차지하는 것

4. 알맞은 말을 골라 쓰세요.

[보기] 출시하다 진열되다 감소하다

(1) 서점에 가니까 제일 잘 팔리는 책이 문 앞에 ______.

(2) 오랜 연구 끝에 드디어 새로운 제품을 ______.

(3) 예전에 비해 오토바이 판매량은 ______ 소형차의 판매량은 증가했다.

5. 생각해 보세요.

(1) 시장 조사를 하러 나간 적이 있습니까? 보통 어디로 갑니까?

(2) 최근 시장의 트렌드를 알고 있습니까? 요즘 소비자는 어떤 제품을 선호합니까?

6. 시장 조사 보고서를 작성해 보세요.

시장 조사 보고서

보고자	부서명	신제품 개발팀	직급	대리	성명	짱
제목	V마트 방문 조사					
보고 내역	1. 제품 진열 상태 · 최근 경쟁사의 'O2녹차'의 인기가 급증하고 할인 행사를 진행하고 있어서 가장 잘 보이는 곳에 진열되어 있음 · 우리 제품은 그 옆에 진열되어 있음 2. 소비자 선호도 · 우리 제품은 여전히 있기 있으나 다른 제품이 할인 행사를 하면 판매량이 줄어듦					

시장 조사 보고서

보고자	부서명		직급		성명	
제목						
보고 내역						

15 성능이 좋은데도 소비자의 외면을 받고 있습니다

학습 목표

- 주제: 제품 분석 결과 회의
- 어휘: …자
- 문법: -(으)ㄴ데도/는데도, (으)로 인하여

말하기

하민규: 다 모였으니 회의를 시작할까요? 여러분이 조사한 제품 분석 결과에 대해 말씀해 주세요.

프 엉: 제가 먼저 말씀드리겠습니다. 저희가 알아본 바에 따르면, 우리 제품은 성능이 좋은데도 소비자의 외면을 받고 있습니다. 아마 가격에 그 원인이 있는 것 같습니다.

기 태: 중저가 제품을 찾는 소비자들에게 우리 제품의 높은 가격이 부담스럽다는 의견이 있었습니다. 높은 가격으로 인하여 경쟁력이 떨어진 것으로 보입니다.

프 엉: 그뿐만 아니라 우리 노트북은 타제품에 비해 무거운 편입니다. 무게를 줄이지 않으면 가벼운 것을 선호하는 젊은 세대의 관심을 끌기는 어려울 것으로 보입니다.

하민규: 그밖에 다른 원인도 있습니까?

프 엉: 또 한 가지 원인은 기능에 있는 것 같습니다. 요즘은 다양한 기능의 노트북이 많이 나오고 있습니다. 하지만 우리 제품은 기본에 충실한 노트북이지만 특징이 없어서 소비자에게 어필하지 못하는 것으로 분석됩니다.

하민규: 고객들의 관심을 끌려면 새로운 기능이 필요하다는 말이네요.

프 엉: 네. 최신 트렌드를 반영한 우리 회사만의 독보적인 기능이 필요하다고 생각합니다.

1. 다음 표현을 사용하여 문장을 만들어 보세요.

- 알아본 바에 따르면
- 에 그 원인이 있다
- (으)로 보이다

2. 여러분 회사 제품/서비스의 장점과 단점은 무엇입니까? 이야기해 보세요.

듣고 말하기

1. 여러분 회사 제품/서비스에 대해 소비자들에게 무엇을 물어보고 싶습니까? 이야기해 보세요.

2. 다음의 의미를 확인해 보세요.

의견을 듣다	시간을 내다	엄두가 안 나다
참여하다	향후에	중저가
기념품	구매할 의사	출시하다
조사를 진행하다	청소기를 돌리다	구매를 고려하다

3. 잘 듣고 다음 질문에 답하세요.

(1) 여자에 대한 설명으로 맞는 것은 무엇입니까? (답:)

① 여자는 로봇 청소기를 사용하고 있다.
② 여자는 로봇 청소기가 무엇인지 잘 모른다.
③ 여자는 로봇 청소기가 단점이 많다고 생각한다.
④ 여자는 로봇 청소기가 저렴해지면 구매를 고려할 것이다.

(2) 들은 내용과 같은 것은 무엇입니까? (답:)

① 설문조사는 15분 정도 걸린다.
② 베한전자는 로봇 청소기를 출시할 계획이다.
③ 설문조사를 하면 로봇 청소기를 받을 수 있다.
④ 베한 전자의 로봇 청소기는 다른 제품보다 비쌀 것이다.

4. 여러분이 설문조사를 진행한다면, 어떻게 사람들의 참여를 유도하겠습니까?

읽고 쓰기

1. 여러분이 설문 조사를 진행한다면 무엇에 대해 알아보고 싶습니까? 이야기해 보세요.

2. 다음 글을 읽어 보세요.

한국 사람들은 연말에 어느 나라로 해외여행을 가장 많이 갈까? 한 데이터 전문 기업이 연말 해외여행 예약자를 대상으로 여행 국가에 대한 설문조사를 실시했다.

조사에 응답한 5만여 명의 설문 결과에 따르면, 일본을 선택한 응답자가 가장 많은 것으로 나타났다. 약 60%가 연말에 일본으로 여행을 떠나는 것으로 나타나 절반이 넘었다. 일본은 거리가 가까워 주말을 이용해 가볍게 다녀올 수 있다는 점과 온천과 같이 겨울에도 즐길 거리가 많다는 점, 최근 환율이 떨어진 점 등이 장점으로 꼽히며 꾸준하게 한국인이 좋아하는 여행지로 자리매김했다.

2위는 베트남(6%)으로 지난해에는 7위를 차지했으나 올해는 2위로 껑충 뛰어올라 눈길을 끈다. 따뜻한 기후와 저렴한 물가로 많은 여행객의 마음을 사로잡고 있는 베트남은 국내 여러 예능 프로그램에도 많이 소개되면서 인기를 더하고 있다. 특히, 베트남은 가족 여행객뿐만 아니라 혼자 여행을 떠나는 사람들에게도 많은 사랑을 받고 있다. 몇 년 간 꾸준한 인기를 얻고 있는 다낭을 비롯하여, 하노이와 호찌민, 냐짱 등 베트남의 다른 도시에도 여행객이 점점 늘어나고 있는 추세이다.

일본과 베트남의 뒤를 이어 한국인이 사랑하는 연말 여행 국가는 대만(5%), 중국(4%), 홍콩·마카오(4%) 순으로 5위권 안에 든 모든 국가가 아시아인 것으로 조사됐다.

- 연말
- 데이터
- 실시하다
- 응답자
- 달하다
- 즐길 거리
- 환율
- 꼽히다
- 자리매김하다
- 뛰어오르다
- 사로잡다
- 예능 프로그램
- 추세
- 5위권

3. 다음 질문에 답하세요.

(1) 읽은 것과 같은 것을 고르세요. (답:)

① 연말에 베트남으로 가는 여행객이 줄고 있다.
② 연말에 해외여행을 가는 사람은 5만여 명이다.
③ 절반 이상의 연말 여행객이 일본으로 여행을 떠난다.
④ 혼자 여행을 가는 사람은 베트남을 선호하지 않는다.

(2) 일본으로 가는 여행객이 많은 이유는 무엇입니까?

4. 알맞은 말을 골라 쓰세요.

[보기]	꼽히다	실시하다	뛰어오르다

(1) 영업팀은 올해 회사 축구대회 우승 후보로 ________.

(2) 우리 제품의 시장 점유율은 지난해 3%였지만 올해 17%로 ________.

(3) 사원 대표를 뽑기 위한 선거를 이번 달 30일에 ________.

5. 생각해 보세요.

(1) 동료들의 의견이나 생각을 묻고 싶은 일이 있습니까?

(2) 동료들이 어떤 답변을 할 것이라고 생각합니까? 답변을 예상해 보세요.

6. 동료들을 대상으로 설문조사를 하고 그 결과를 글로 써 보세요.

[보기]		
설문조사 주제	한국인들의 연말 여행 국가	
설문 대상자	해외여행 예약자 5만여 명	
답변 결과	일본(60%) 베트남(6%) 대만(5%) 중국(4%)	
답변 이유	베트남: 따뜻한 기후, 저렴한 물가, 예능 프로그램의 영향	

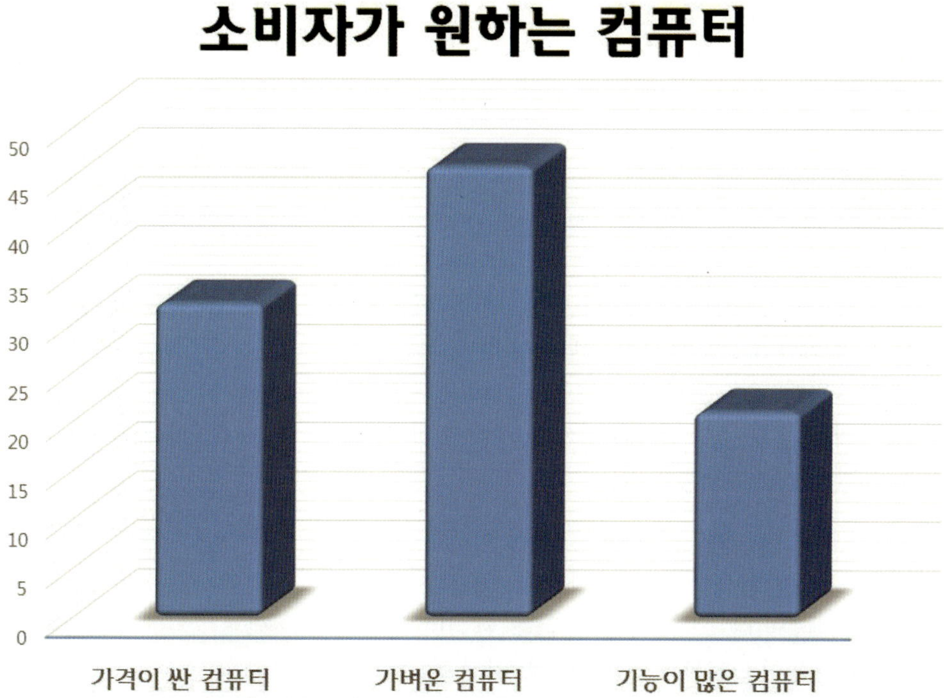

16 요구 분석 결과를 살펴봤더니 무게가 가장 중요한 것으로 나타났습니다

학습 목표

- 주제: 아이디어 회의
- 어휘: 관용 표현 '손, 발'
- 문법: -(으)ㄴ/는 반면에, -었더니/았더니

말하기

하민규: 지금까지 여러분이 발로 뛰면서 조사한 덕분에 우리 회사 노트북에 대한 장단점이 잘 분석된 것 같습니다. 오늘은 소비자 요구 분석 결과를 볼 차례지요? 두 조사 결과를 함께 보고 나서 신제품 개발 방향을 잡도록 하지요.

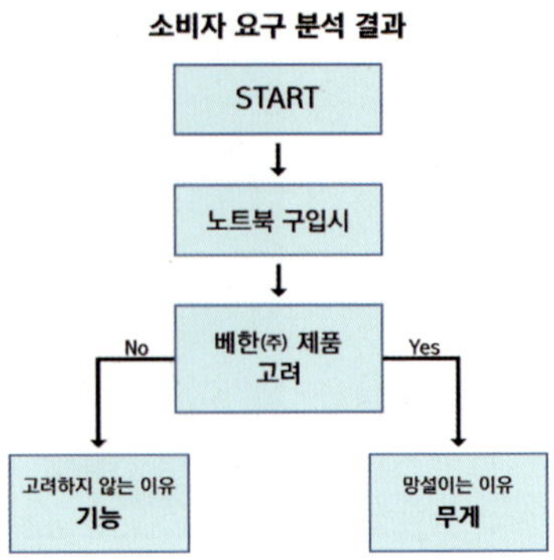

투 안: 네, 향후 육 개월 내 노트북 구매 의사가 있는 잠재 소비자 천 명을 대상으로 설문조사를 실시했습니다. 그 결과를 분석해 봤더니 잠재 소비자들이 노트북 구입 시 무게를 가장 중요하게 생각하는 것으로 나타났습니다. 이번 신제품도 무게를 혁신적으로 줄이는 것에 초점을 맞춰야 한다고 생각합니다.

프 엉: 일리 있는 말씀입니다. 그러나 요즘 경쟁사들도 무게에 초점을 둔 제품들을 잇따라 출시하고 있습니다. 무게에 초점을 두면 트렌드를 따라갈 수 있는 반면에 우리 제품의 특별한 장점이 잘 드러나지 않을 것 같습니다.

최윤지: 무게를 줄여야 한다는 데에는 동의합니다. 우리 제품 구입을 고려하는 소비자들에게 무엇 때문에 구매를 망설이냐고 물었더니 무게 때문이라는 응답이 가장 많았습니다. 반면에 우리 제품 구입 의사가 없는 소비자들은 차별화된 기능이 없기 때문이라고 응답했습니다. 즉, 무게를 줄이는 것은 기본이고 다른 제품과 차별화될 수 있는 다른 기능 개발이 더 중요하다고 생각합니다.

1. 다음 표현을 사용하여 문장을 만들어 보세요.

- 결과를 분석해 봤더니
- 에 초점을 맞추다
- -ㄴ/은/는 것은 기본이고

2. 소비자들이 여러분 회사의 제품/서비스를 선택하는 이유가 무엇이라고 생각합니까? 이야기해 보세요.

듣고 말하기

1. 여러분이 가장 좋아하는 베트남 음식은 무엇입니까?
또, 외국인들이 가장 좋아하는 베트남 음식은 뭐라고 생각합니까? 이야기해 보세요.

2. 다음의 의미를 확인해 보세요.

- 청취자
- 외식 시장
- 열풍
- 친밀감/친밀하다
- 대형마트
- 증가하다
- 동남아 국가
- 입맛에 맞다

3. 잘 듣고 다음 질문에 답하세요.

(1) 한국에서 베트남 음식이 사랑받는 이유가 아닌 것은 무엇입니까? (답:)

① 한국 음식과 조리법이 비슷해서
② 베트남 음식이 한국 음식보다 더 종류가 다양해서
③ 한국 사람들이 베트남 음식에 친밀감을 느끼기 때문에
④ 다른 동남아 국가 음식보다 한국인의 입맛에 잘 맞아서

(2) 들은 내용과 같은 것은 무엇입니까? (답:)

① 여자는 한국 음식 전문가이다.
② 대형마트의 베트남 쌀국수 판매가 증가하고 있다.
③ 요즘 한국을 방문하는 베트남 사람의 수가 증가하고 있다.
④ 한국 사람들이 가장 좋아하는 베트남 음식은 '월남쌈'이다.

4. 요즘 베트남 외식 시장에서 가장 빠르게 성장하는 음식은 무엇입니까?
그 이유가 무엇이라고 생각합니까?

읽고 쓰기

1. 여러분이 생각하는 '좋은 회의'는 어떤 것입니까? 이야기해 보세요.

2. 다음 글을 읽어 보세요.

한 조사에 따르면 직장인들이 1주일에 평균 21시간을 회의하는 데 쓰고 있다고 한다. 이렇게 회의에 많은 시간을 쓰다 보니 회의 때문에 업무를 잘 처리하지 못하는 경우도 많다.

그래서 최근에는 '성공하는 기업은 회의를 하지 않는다'거나 '회의를 짧게 하는 기업이 강하다'는 이야기도 듣게 된다.

하지만 여러 사람이 함께 일하는 조직에서 회의를 하지 않는 것은 불가능하다. 그렇기 때문에 우리는 어떻게 하면 회의를 효율적으로 할 것인가에 논의의 초점을 맞추어야 한다.

회의 전에는 회의 주제에 대해 미리 공유하는 것이 중요하다. 회의에 대한 기본적인 내용은 회의 전에 모든 참여자가 잘 알고 있어야 한다. 그래야 회의 시간에 내용을 설명하느라 시간을 낭비하지 않고, 중요한 결정을 내리는 데 시간을 사용할 수 있다. 회의에 참여하는 사람을 잘 결정하는 것도 중요하다. 회의 인원은 그날 회의 주제에 반드시 필요한 최소의 사람들만 참여하는 것이 좋다.

회의를 시작할 때는 주제를 명확하게 말하고 마치는 시간을 정하는 것이 좋다. 또한, 회의에 참여한 사람들은 직급에 상관없이 모두가 자유롭게 의견을 말할 수 있도록 해야 한다.

회의를 끝낼 때는 회의 결과를 간단히 요약하고, 결정된 사항을 누가 진행할 것인지 결정하는 것이 좋다.

직장인	조직	낭비하다	요약하다
평균	불가능	반드시	진행하다
처리하다	공유하다	명확하게	사항

3. 다음 질문에 답하세요.

(1) 읽은 것과 내용이 같은 것을 고르세요. (답:)

① 회의에는 되도록 많은 사람이 참여하는 것이 좋다.
② 회의를 할 때 직급에 따라 순서대로 말하는 것이 좋다.
③ 회의를 하기 전에 회의 주제에 대해 미리 알아야 한다.
④ 마치는 시간을 정하지 않고 결론이 날 때까지 회의를 하는 것이 좋다.

(2) 회의를 끝낼 때 무엇을 하는 것이 좋습니까?

4. 알맞은 말을 골라 쓰세요.

[보기]	요약하다	낭비하다	처리하다

(1) 제 친구는 필요하지도 않은 물건을 계속 사면서 돈을 ________.

(2) 회의가 끝날 때 팀장님이 회의 결과를 간단하게 ________.

(3) 김 대리님은 소비자 불만을 ________ 일을 한다.

5. 생각해 보세요.

(1) 여러분이 회의를 하며 가장 힘들었던 적은 언제입니까?

(2) 효율적인 회의를 위해서 내가 어떻게 행동하면 좋을지 생각해 보세요.

6. 여러분이 만들고 싶은 신제품에 대한 개발 계획서를 써 보세요.

신제품 개발 계획서

보고자	부서명	신제품 개발 TF	직급	대리	성명	투안
신제품	블루투스 이어폰					
기존 제품의 문제점	이어폰 선 때문에 보관과 사용에 어려움이 있었음 전화를 받거나 음악을 들을 때 이어폰을 설치하기까지 오랜 시간이 걸림					
신제품의 장점	이어폰 선을 없애서 사용이 편리해짐 귀에 꽂은 상태로 버튼 하나만 누르면 바로 작동함 예쁜 디자인으로 패션용품으로도 사용 가능					

신제품 개발 계획서

보고자	부서명		직급		성명	
신제품						
기존 제품의 문제점						
신제품의 장점						

17 이 개발안대로 상부에 보고하겠습니다

학습 목표

- 주제: 아이디어 확정 회의
- 어휘: 상, 하
- 문법: 대로, -(으)ㄴ/는 데다가

말하기

하민규: 자, 이제는 신제품 개발 방향을 결정해야 합니다. 오늘 회의에서는 지금까지 논의했던 내용을 모두 종합하여 개발안을 확정하겠습니다. 최윤지 대리가 지금까지 논의된 사항을 정리해 주시지요.

최윤지: 네. 현지 시장 조사와 소비자 의견, 잠재 소비자 요구 분석을 종합해 보면 우리 신제품은 가벼운 무게를 기본으로 하고, 다른 노트북과 차별화되는 기능을 추가해야 합니다. 이미 연구개발팀에서 시장의 흐름대로 무게를 줄일 수 있는 기술을 개발하고 있습니다. 문제는 새로운 기능입니다.

투 안: 맞습니다. 현재까지 논의된 것은 게임 특화, 스크린 360도 회전, 필기 기능입니다.

프 엉: 게임 특화 노트북은 이미 시장에 나와 있고 수요도 많지 않기 때문에 다른 두 기능을 중점적으로 논의하면 좋겠습니다.

하민규: 아까 연구개발팀장과 이야기했는데 스크린 회전 모니터는 무게를 줄이기가 어렵다고 합니다. 필기 기능은 지금까지 시장에 없었으니까 그 기능을 추가하는 방향으로 가는 게 어떻겠습니까?

기 태: 좋습니다! 가벼운 데다가 필기 기능까지 있다면 정말 멋진 신제품이 나올 것 같은데요?

하민규: 네, 저도 기대가 됩니다. 그럼 이 개발안대로 상부에 보고하겠습니다. 신제품이 출시될 때까지 긴장의 끈을 놓지 말고 다음 단계도 잘해 봅시다.

1. 다음 표현을 사용하여 문장을 만들어 보세요.

- 을/를 종합해 보면
- -(으)ㄹ 것 같은데요?
- -는 게 어떻겠습니까?

2. 우리 회사의 제품은 어떤 기능으로 소비자의 관심을 끌고 있습니까? 이야기해 보세요.

듣고 말하기

1. 회사에 주문량이 늘어나서 지금보다 더 많은 제품을 생산해야 합니다. 그러나 현재의 직원과 설비로는 한계가 있다면 어떻게 하는 것이 좋겠습니까? 이야기해 보세요.

2. 다음의 의미를 확인해 보세요.

야간 작업	희망하다	설비	대처하다
설치하다	노후하다	교체하다	불가피하다
야근	가동하다	바람직하다	
충분하다	장기적	보충되다	

3. 잘 듣고 다음 질문에 답하세요.

(1) 이전에 나눈 대화의 내용으로 맞는 것은 무엇입니까? (답:)

① 기계의 노후로 인한 문제에 대한 대책
② 주문량이 증가하여 발생한 문제에 대한 대책
③ 야근 직원이 감소하여 생긴 문제에 대한 대책
④ 생산 과정에서 불량이 늘어난 문제에 대한 대책

(2) 들은 내용과 같은 것은 무엇입니까? (답:)

① 남자는 기계 교체를 구매 팀에 요청할 예정이다.
② 최 대리는 설비 구입에 따른 비용을 잘 정리했다.
③ 프엉은 새로운 직원 채용이 불필요하다고 생각한다.
④ 남자는 생산 설비를 구입하는 것은 무리라고 생각한다.

4. 여러분 회사에서 새로운 직원을 채용하거나 설비를 구입하려면 어떤 절차가 필요합니까?

읽고 쓰기

1. 다음 속담의 의미를 생각해 보세요.

- 사공이 많으면 배가 산으로 간다
- 백지장도 맞들면 낫다

2. 다음 글을 읽어 보세요.

'순간의 선택이 평생을 좌우한다'라는 말이 있다. 이는 의사 결정의 중요성을 말해 준다. 그러나 회사에서 중요한 결정을 내리기가 쉽지 않은 경우가 더 많다. 그래서 대부분의 회사에서는 중요한 결정에 앞서 회사 구성원들의 의견을 다양하게 듣고 다 함께 좋은 대안을 찾는 경우가 많다. 다양한 생각을 종합하여 가장 합리적인 결정을 내릴 수 있기 때문이다. 백지장도 맞들면 낫다고 내가 미처 생각하지 못한 문제를 누군가의 의견을 통해 발견하게 된다면 실패 확률을 줄이게 될 것이다.

그러나 이러한 방법은 여러 사람들의 의견을 모두 듣고 각각의 예상되는 문제를 피해야 하므로 의사 결정에 걸리는 시간이 많이 걸린다는 단점이 있다. 사람들은 자신에게 이익이 되는 대로 결정하기를 바라는 경향이 있으므로 모든 사람들의 의견을 다 반영하는 것은 쉬운 일이 아니다. 그리고 그 결정이 반드시 가장 좋은 선택이라고 말할 수는 없다. '사공이 많으면 배가 산으로 간다'는 말처럼 다양한 사람들의 많은 의견은 빠른 의사 결정을 막고 효율성을 저하시킬 수 있으므로 주의해야 한다.

- 순간
- 평생
- 좌우하다
- 의사 결정
- 대안
- 합리적이다
- 결정을 내리다
- 발견하다
- 이익이 되다
- 바라다
- 경향
- 반영하다
- 효율성
- 저하시키다

3. 다음 질문에 답하세요.

(1) 글의 중심 생각을 고르세요. (답:)

① 모든 사람들은 자신에게 이익이 되는 대로 결정한다.
② 대부분의 회사에서는 중요한 결정을 위해 회의를 한다.
③ 모든 사람의 의견을 듣는 것이 가장 좋은 방법은 아니다.
④ 합리적인 결정을 내리려면 고민하는 시간을 줄여야 한다.

(2) 다음 표현을 맞게 사용한 것을 고르세요. (답:)

① 백지장도 맞들면 낫다더니 최선을 다하니까 꿈이 이뤄졌네.
② 순간의 선택이 평생을 좌우한다는 말처럼 선택을 미루면 안 돼.
③ 사공이 많으면 배가 산으로 간다고 사람이 많으니 회의가 길어져.
④ 사공이 많으면 배가 산으로 간다더니 힘을 합치면 못하는 일이 없어.

4. 알맞은 말을 골라 쓰세요.

[보기] 발견하다 반영하다 결정을 내리다

(1) 지난번에 조사한 소비자의 의견을 신제품에 ________.

(2) 뉴턴은 사과가 떨어지는 것을 보고 중력을 ________.

(3) 이 문제는 ________ 너무 어렵습니다.

5. 생각해 보세요.

(1) 회사 대표의 결정을 따르는 것과 여러 직원의 의견을 종합하여 결정하는 것은 어떤 장점과 단점이 있습니까?

(2) 우리 회사에서 요즘 결정해야 하는 문제가 있습니까? 어떤 방법으로 결정하는 것이 좋다고 생각합니까? 그 이유는 무엇입니까?

6. 요즘 결정을 내려야 하는 일이 있습니까? 그 일에 대해 다음 순서대로 정리해 보고, 어떤 결정을 내리는 것이 좋은지 생각해 보세요.

[보기]		
결정을 내려야 하는 일	새집으로 이사를 갈지 지금 집에서 계속 살지 결정해야 함	
그 일을 하려는 이유	- 지금 집이 좁음 - 회사에서 집이 멀어서 출퇴근 시간이 많이 걸림	
망설이는 이유	- 새집으로 이사하면 비용이 많이 듦 - 지금 집이 좁지만 경치가 좋음	
결정을 위해 필요한 정보	- 회사 근처 집 정보 - 이사 비용	
고민에 대한 동료의 조언	회사 근처 집값이 비싸기 때문에 지금 집보다 좁을 수 있음	
어떤 결정?	회사 근처 집이 매우 비싸고 좁기 때문에 지금 집에 조금 더 사는 것이 좋겠음	

18 제품명 공모에 참가해 보지 그래요?

학습 목표

- 주제: 공모전 및 홍보
- 어휘: … 품
- 문법: -(으)ㄹ 텐데, -지 그래요

말하기

하민규: 어제 신제품 개발 방향에 대한 임원 회의가 있었습니다. 임원 대부분이 우리가 보고한 개발 방향에 대해 공감했고, 이 방안 그대로 추진하기로 했습니다.

투 안: 정말 뿌듯하네요. 그리고 앞으로 더 잘 준비해야겠다는 생각이 듭니다.

하민규: 모두 수고 많았습니다. 이제는 신제품 홍보와 출시 이벤트에 집중해야겠습니다.

최윤지: 제품이 출시되기 전에 효과적으로 우리 제품을 홍보할 수 있는 방법이 없을까요? 소비자들의 관심을 끌면서도 자연스러운 방법이 있으면 좋을 텐데요.

프 엉: 블라인드 마케팅을 활용해서 제품 이름을 공모해 보는 건 어떨까요?

투 안: 아, 어떤 회사 제품인지 말해 주지 않고 제품 특징만 알린 다음에, 이름에 대한 아이디어를 받자는 말이지요?

프 엉: 맞아요. 좋은 의견을 내는 사람들에게는 저희 신제품도 선물하고요.

투 안: 신제품 이름을 공모하면서 자연스럽게 제품의 특징을 알리고 관심을 유도하는 방법, 아주 좋은 것 같습니다.

박기태: 저도 신제품을 선물 받고 싶은데요.

투 안: 그럼 기태 씨도 제품명 공모에 참가해 보지 그래요?

프 엉: 그래요. 한번 해 보세요.

1. 다음 표현을 사용하여 문장을 만들어 보세요.

- 추진하다
- 뿌듯하다
- 유도하다

2. 우리 회사의 제품 중에 이름을 바꾸고 싶은 제품이 있습니까? 우리 회사가 신제품을 개발한다면 제품명을 무엇으로 하겠습니까? 이야기해 보세요.

듣고 말하기

1. 홈쇼핑 방송을 본 적이 있습니까? 홈쇼핑 방송에서는 어떤 이야기를 많이 합니까? 이야기해 보세요.

2. 다음의 의미를 확인해 보세요.

쇼호스트	바르다	효과	놓치다
대표	젊다	훨씬	화면
피부	환하다	저렴하다	지금 바로
거칠어지다	부드럽다	기회	

3. 잘 듣고 다음 질문에 답하세요.

(1) 대화의 내용과 같은 것은 무엇입니까? (답:)

① VH홈쇼핑은 화장품을 15년 전부터 판매했다.
② 홍삼 화장품을 백화점에서 더 싸게 팔기로 했다.
③ 홍삼을 피부에 직접 바르면 한 달 후에 피부가 좋아진다.
④ 홍삼 화장품을 홈쇼핑에서 판매하는 것은 오늘이 처음이다.

(2) 지금 화장품을 주문하고 싶으면 어떻게 해야 합니까?

4. 쇼호스트가 되어 우리 회사의 제품을 홈쇼핑에서 판매해 보세요.

읽고 쓰기

1. 우리 회사의 광고는 어떻습니까? 그 광고가 중점을 두고 있는 것은 무엇입니까? 이야기해 보세요.

2. 다음 글을 읽어 보세요.

청소, 힘드시죠?
V7 무선 청소기로 바꿔 보세요!

청소기의 줄 때문에 짜증나셨나요?
줄이 너무 짧아서!
줄이 너무 엉켜서!

청소기가 너무 무거워서 힘드셨나요?
청소기의 흡입력이 약해서 불만스러우셨나요?
청소기의 소리가 너무 시끄러워서 불편하셨나요?

V7 무선 청소기가 그 문제를 해결해 드립니다!

30년 전통의 청소기 전문 회사 베한전자에서 새롭게 출시한 V7!

당신의 청소 시간을 즐거운 놀이로 바꿔 드립니다!

- 무선
- 줄
- 짜증나다
- 엉키다
- 흡입력
- 불만스럽다
- 해결하다
- 전통
- 새롭게
- 놀이

3. 다음 질문에 답하세요.

(1) 광고의 내용과 같은 것을 고르세요. (답:)

① 베한전자는 30년 전부터 청소기를 만든 회사다.
② 이 제품은 베한 전자가 출시한 7번째 청소기이다.
③ 무선 청소기가 있으면 엉킨 줄 때문에 짜증이 난다.
④ 유선 청소기를 가지고 가면 무선 청소기로 바꿔 준다.

(2) 광고에서 말하는 제품의 특징이 아닌 것을 고르세요. (답:)

① 흡입력을 강화했다.
② 무게를 감소시켰다.
③ 줄의 길이를 줄였다.
④ 소음 문제를 해결했다.

4. 알맞은 말을 골라 쓰세요.

[보기]	엉키다 해결하다 불만스럽다

(1) 이어폰 줄이 ________ 잘 안 풀리네요.

(2) 그 식당은 비싼데 맛도 없어서 손님마다 ________ 고 말했어요.

(3) 회사에서는 이번 사건으로 생긴 문제를 ________ 위해서 최선을 다했다.

5. 생각해 보세요.

(1) 내가 본 광고 중에 기억에 남는 것이 있습니까? 어떤 광고입니까?

(2) 내가 가지고 있는 상품 중에 하나를 팔기 위한 광고를 만든다면 어떤 점을 강조하겠습니까?

6. 내가 팔고 싶은 물건을 정하고 광고를 만들어 보세요.

제품명	V7	
회사	베한전자	
강조하고 싶은 점	유선 청소기의 불편함 ① 줄이 짧다. ② 줄이 엉킨다. ③ 무겁다. ④ 흡입력이 약하다. ⑤ 시끄럽다.	
	무선 청소기의 장점 ① 넓은 곳을 쉽게 청소한다. ② 가볍다. ③ 흡입력이 강하다. ④ 조용하다.	

19

다른 업무를 처리하느라고 미처 못했어요

학습 목표

- 주제: 업무 갈등
- 어휘: 질책과 사과
- 문법: -느라고, -(으)ㄹ 수밖에 없다

말하기

정세아: 투안 대리, 다음 달 전략 기획서를 파일로 보내 주세요.

투 안: 아! 그게…. 깜빡했어요. 제가 다른 업무를 처리하느라 미처 못 했습니다. 내일까지 정리해서 보낼게요.

정세아: 네? 오늘까지 주기로 했잖아요. 이렇게 계속 일이 밀리면 업무 진행이 안 되죠.

투 안: 죄송해요. 제가 요즘 신제품 제안서를 쓰느라고 정신이 없어서요.

정세아: 투안 대리가 신제품 TF팀에서 중요한 역할을 맡고 있는 것은 잘 알고 있어요. 하지만 이런 일은 미리 말해 주면 좋잖아요.

투 안: 정 대리님, 정말 죄송해요. 제 생각이 짧았습니다. 먼저 양해를 구했어야 했는데…. 업무에 차질을 빚어서 죄송합니다.

정세아: 그렇게까지 말씀하시면…. 어차피 곧 퇴근 시간이니까 내일까지 기다릴 수밖에 없겠네요.

투 안: 네. 내일 오전까지는 꼭 해서 드릴게요. 이해해 주셔서 고맙습니다.

1. 다음 표현을 사용하여 문장을 만들어 보세요.

- 미처
- -느라고 정신이 없다
- 에 차질을 빚다

2. 일을 하다가 동료와 다툰 적이 있습니까? 무엇 때문에 다퉜는지 이야기해 보세요.

듣고 말하기

1. 일을 잘못 처리해서 질책을 들은 적이 있는지 이야기해 보세요.

2. 다음의 의미를 확인해 보세요.

판매량	처리하다	협조를 받다
덜	협조하다	마무리하다

3. 잘 듣고 다음 질문에 답하세요.

(1) 들은 내용과 같은 것은 무엇입니까? (답:)

① 남자는 여자에게 영업부 직원의 일을 시켰다.
② 남자는 여자의 보고서가 마음에 들지 않는다.
③ 여자는 출장을 다녀와서 일을 끝내지 못했다.
④ 여자는 남자의 지시대로 일을 처리하지 못했다.

(2) 대화 후에 여자가 할 일은 무엇입니까? (답:)

① 보고서 작업을 마무리한다.
② 영업부 직원에게 보고서를 제출한다.
③ 일 처리가 늦어졌다는 사유서를 쓴다.
④ 도움을 받을 부분을 정리해서 남자에게 보낸다.

4. 질책을 들었을 때 어떻게 반응하는지 생각하고 이야기해 보세요.

읽고 쓰기

1. 사과할 일이 생겼을 때 어떻게 표현합니까? 생각하고 이야기해 보세요.

2. 다음 글을 읽어 보세요.

문화에 따라 감사나 미안함을 표현할 때 사용하는 말과 행동이 다르다. 특히 베트남과 한국은 사과를 표현하는 방식에 큰 차이가 있다.

한국에서는 잘못한 사람이 즉시 "미안합니다", "죄송합니다"라고 말하면서 자기의 잘못을 인정하고 책임지는 태도를 보인다. 이와 달리, 베트남 사람들은 왜 그러한 일이 생겼는지 이유를 먼저 설명하려고 한다. 그리고 서로 이해해 줄 수 있는 관계라고 생각하면 미안하다고 말하지 않고 그 상황을 넘어가기도 한다. 즉, 베트남 사람들은 직접적인 사과 표현을 피하려는 경향이 있다.

이러한 차이 때문에 오해가 생기기도 한다. 한국 사람들은 베트남 사람들이 자기 잘못을 인정하지 않고 변명만 늘어놓는다고 생각할 수 있다. 또한 분명하게 사과를 듣지 못했을 때는 상대가 책임을 회피하려고 한다고 여긴다. 반면에 베트남 사람들은 한국 사람들이 자기 잘못이 아닌 것에도 책임질 것을 요구한다고 생각할 수 있다.

이렇게 나라와 문화마다 (　　　㉠　　　)는 것을 이해하지 못하면 상대방을 불편하게 만들 수 있다.

- 방식
- 즉시
- 인정하다
- 이와 달리
- 넘어가다
- 피하다
- 경향
- 오해
- 변명
- 늘어놓다
- 분명하게
- 회피하다
- 여기다
- 요구하다

3. 다음 질문에 답하세요.

(1) 읽은 내용과 같은 것은 무엇입니까? (답:)

① 한국 사람들은 분명하게 사과를 표현한다.
② 베트남 사람들은 "죄송하다"는 말을 많이 한다.
③ 한국 사람들은 사과하기 전에 먼저 이유를 말한다.
④ 베트남 사람들은 동료가 잘못한 일도 함께 사과한다.

(2) ㉠에 들어갈 말로 알맞은 것은 무엇입니까? (답:)

① 사과하는 방식에 차이가 있다.
② 화를 표현하는 방법이 다르다.
③ 용서를 구하는 말이 다양하다.
④ 책임을 지는 방식에 차이가 있다.

4. 알맞은 말을 골라 쓰세요.

[보기]	늘어놓다 넘어가다 요구하다 피하다

(1) 지수는 불편한 자리를 ________ 몸이 아프다고 말했다.

(2) 부장님은 회식 자리에서 늘 자식 자랑을 길게 ________.

(3) 다행히 큰 문제없이 이번 행사도 잘 ________.

(4) 일하다가 사고를 당하면 회사에 보상금을 달라고 ________ 수 있다.

5. 다음을 읽고 한국어와 베트남어의 차이 때문에 겪은 일을 이야기해 보세요.

[보기]

제가 지각을 했을 때 "미안해요, 과장님. 다음부터 안 그럴 거예요." 라고 했어요. 그때 옆에서 김 대리님이 상사한테는 "죄송합니다"라고 해야 한다고 말했어요. '미안하다'의 뜻을 가진 표현이 베트남어에는 'xin lỗi' 밖에 없지만, 한국어에는 "미안하다"와 "죄송하다"로 두 개가 있어서 좀 어려워요.

6. 베트남과 한국의 감정을 표현하는 방식(호칭, 경어법, 사용하는 표현, 표현의 순서, 몸짓 등)이 어떻게 다른지 생각해 보고 글을 써 보세요.

상황	베트남 사람	한국 사람
화를 표현할 때		
미안함을 표현할 때		
감사함을 표현할 때		

20 사용할수록 우리 제품의 매력에 빠질 것입니다

학습 목표

- 주제: 프레젠테이션
- 어휘: 신…
- 문법: -(으)ㄹ수록, -(으)ㄹ지도 모르다

말하기

투 안: 오늘 이렇게 신제품 발표회에 참석해 주신 임직원 여러분께 진심으로 감사의 말씀을 드립니다. 지금부터 TF팀 하민규 팀장님이 나오셔서 신제품에 대해 발표해 주시겠습니다.

하민규: 우리 베한전자는 그동안 노트북 시장에서 변화와 혁신을 주도해 왔습니다. 이번 신제품은 지금의 변화를 넘어 새로운 도약을 이루어 내는 발판이 될 것입니다. 자, 그럼 여러분들께 벅찬 마음으로 신제품 '베한노트 N'을 소개합니다.

'베한노트 N'은 첨단 기술을 적용하여 제품의 무게를 획기적으로 줄였습니다. 놀라울 정도로 가벼운 무게에, 사용하는 사람들은 노트북이 아니라고 생각할지도 모릅니다. 또한, 소비자들은 이렇게 작고 가벼우면서도 전보다 더욱 빨라진 속도와 향상된 성능에 반하게 될 것입니다. 특히, 이번 '베한노트 N'에는 일부 스마트폰에만 있는 펜 기능을 적용하였습니다. 새로운 기능을 추가한 우리 제품은 시장에서 틀림없이 우위를 점할 것입니다. 소비자들이 실제로 사용하면 사용할수록 분명 우리 제품의 매력에 빠지게 될 것입니다.

1. 다음 표현을 사용하여 문장을 만들어 보세요.

- 발판이 되다
- 우위를 점하다
- 매력에 빠지다

2. 신제품을 효과적으로 소개하기 위한 방법에는 어떤 것이 있습니까? 이야기해 보세요.

듣고 말하기

1. 여러분이 선호하는 노트북은 어떤 것입니까? 이야기해 보세요.

2. 다음의 의미를 확인해 보세요.

질의 응답	이와 더불어	저하
경청하다	구동하다	선도하다
의미를 담다	획기적	마치다

3. 잘 듣고 다음 질문에 답하세요.

(1) 들은 내용과 다른 것은 무엇입니까? (답:)

① 신제품 이름은 새롭다는 뜻을 담고 있다.
② 신제품 이름은 가볍다는 의미를 담고 있다.
③ 신제품은 기존 제품에서 사용한 펜 기능을 개선했다.
④ 신제품은 기존 제품에서 온도가 올라가는 문제를 해결했다.

(2) 하민규 팀장이 자신감을 보이는 부분은 무엇입니까? (답:)

① 신제품의 디자인
② 신제품의 홍보 전략
③ 신제품의 새로운 기능
④ 신제품의 가격 경쟁력

4. 다른 사람의 질문에 대답을 잘하기 위해서는 무엇을 준비해야 할까요? 함께 이야기해 보세요.

읽고 쓰기

1. 여러분이 처음 사용한 휴대 전화는 무엇입니까? 함께 이야기해 보세요.

2. 다음 글을 읽어 보세요.

세계 최초의 상용 휴대 전화는 1983년 M사에서 출시한 '다이나택 8000X'로 그 무게가 무려 790g에 달했다. 이 제품은 오로지 음성 통신만 가능한 아날로그 방식으로 당시 가격으로 4천 달러에 가까운 고가였음에도 불구하고 큰 인기를 모았다.

그 후 1990년대에 들어 휴대 전화 시장은 놀랄만한 발전을 이루게 된다. 당시 가장 큰 변화는 '문자 메시지'의 기능이 추가된 것이다. 어마어마한 크기의 초창기의 휴대 전화는 기술의 발달로 인해 크기가 작아졌고 통신 방식도 '아날로그'에서 벗어나 '디지털'로 바뀌게 되면서 휴대 전화의 대중화를 열기 시작하였다.

휴대 전화가 대중화되기 시작하면서 점점 사용자의 요구 역시 까다로워지게 되었다. 소비자들은 음성 통화와 문자의 기능을 넘어 다양한 기능을 갖춘 휴대 전화를 원하였고 그 결과 카메라, MP3 등의 기능이 결합한 핸드폰이 등장하게 되었다. 이때부터 휴대 전화는 단순히 통신 기능을 넘어 다양한 콘텐츠와 접목이 되며 ㉠ 스마트폰의 등장을 재촉하게 되었다.

2000년대 후반 등장한 스마트폰은 휴대 전화 시장에 큰 변혁을 일으켰다. 휴대 전화에 인터넷 통신과 정보 검색 등 컴퓨터 지원 기능을 추가한 스마트폰은 인간의 생활 자체를 바꾸어 놓는 결정적인 역할을 하게 되었다.

- 상용
- 무려
- 오로지
- 아날로그
- 에도 불구하고
- 어마어마하다
- 초창기
- 대중화
- 콘텐츠
- 접목되다
- 변혁
- 자체
- 결정적

3. 다음 질문에 답하세요.

(1) 윗글의 내용과 일치하지 않는 것을 고르세요. (답:)

① 초창기의 휴대 전화는 가격이 매우 비쌌다.
② 스마트폰은 휴대 전화의 대중화와 함께 등장하였다.
③ 1990년대에는 휴대 전화의 문자 송신 기능이 추가되었다.
④ 소비자에 요구에 따라 휴대 전화에 다양한 기능이 접목되었다.

(2) ㉠ '스마트폰의 등장을 재촉하게 되었다'는 말의 의미는 무엇입니까?

4. 알맞은 말을 골라 쓰세요.

[보기]	오로지 결정적 불구하고

(1) TF팀은 ______ 신기술 개발에만 매달렸다.

(2) 신제품 출시가 회사 매출 증대에 ______ 영향을 주었다.

(3) 경제 불황에도 ______ 우리 회사는 상반기 흑자를 기록했다.

5. 생각해 보세요.

(1) 스마트폰이 인간의 생활을 어떻게 바꾸어 놓았습니까?

(2) 우리 일상에 휴대 전화가 없다면 어떤 일이 일어날지 이야기해 보세요.

6. 시대에 따른 TV의 변화에 대해 조사해 보고 써 보세요.

	시대	TV의 특징
1.	초창기 TV	
2.	1980년대	
3.	2000년대	
4.	미래	

21

고생 끝에 낙이 온다더니 드디어 신제품이 나오네요

학습 목표

- 주제: 화해와 격려
- 어휘: 속담
- 문법: -다더니, -(으)ㄹ걸

말하기

정세아: 투안 대리, 고생 많았죠? 고생 끝에 낙이 온다더니 드디어 신제품이 나오네요.

투 안: 네, 이렇게 신제품이 나오는 걸 보니 그동안 힘들었던 게 눈 녹듯이 사라지는 것 같아요.

정세아: 그동안 까칠하게 굴어서 미안해요. 고생이 많았을 텐데…. 내가 말을 심하게 한 적이 많았죠? 조금 더 투안 대리 입장에서 생각해 볼 걸 그랬네요.

투 안: 아니에요. 저도 제 생각만 하느라 영업팀에 신경을 못 썼어요. 정 대리님이 해 주신 말을 듣고 저를 다시 돌아보게 되는 계기가 됐어요.

정세아: 그렇게 생각해 주니 고마워요. 맡은 일도 잘 해내고 마음까지 넓고 투안 대리는 정말 좋은 사람이에요.

투 안: 비행기 태우지 마세요. 우리 회사에서 일 잘하기로는 정 대리님이 둘째 가라면 서러울 정도잖아요. 영업팀에서 정 대리님께 얼마나 많이 배웠는데요.

정세아: 고마워요. 우리 그동안 서로 마음 상하는 일이 있었다면 훌훌 털어 버리고 앞으로도 잘 지내 봐요.

투 안: 네, 정 대리님. 앞으로도 잘 부탁드립니다.

1. 다음 표현을 사용하여 문장을 만들어 보세요.

- 눈 녹듯이 사라지다
- 비행기 태우다
- 둘째 가라면 서럽다

2. 동료를 격려할 수 있는 말에는 어떤 것이 있습니까? 이야기해 보세요.

듣고 말하기

1. 여러분이 좋아하는 속담은 무엇입니까? 이야기해 보세요.

2. 다음의 의미를 확인해 보세요.

화해	손을 내밀다	두텁다
괜히	끈끈하다	조화를 이루다
서먹서먹하다	굳다	비우다

3. 잘 듣고 다음 질문에 답하세요.

(1) 들은 내용과 같은 것은 무엇입니까? (답:)

① 오늘은 남자가 돈을 내기로 했습니다.
② 남자는 여자보다 회사에 먼저 입사했습니다.
③ 여자가 남자에게 먼저 화해를 하자고 했습니다.
④ 두 사람의 사이는 이전보다 더 어색해졌습니다.

(2) '비 온 뒤에 땅이 굳어진다'는 말은 무슨 뜻입니까? (답:)

① 어려움을 겪은 후에 더 강해진다.
② 친구 사이에 믿음이 가장 중요하다.
③ 어려움을 당하기 전에 준비해야 한다.
④ 함께 힘을 합치면 무슨 일이든지 할 수 있다.

4. 화해의 말을 할 때 중요한 것은 무엇입니까? 함께 이야기해 보세요.

읽고 쓰기

1. 여러분이 알고 있는 '명언'은 무엇입니까? 이야기해 보세요.

2. 다음 글을 읽어 보세요.

성공한 사람들의 명언

성공한 사람들을 보면 공통점을 가지고 있습니다. 그것은 바로 자신만의 뚜렷한 가치관을 가지고 있었다는 점인데요. 오늘은 성공한 사람들의 명언을 통해 성공의 비결을 알아보려고 합니다.

세계적으로 유명한 작가인 앨빈 토플러는 '어떤 것도 어제의 성공보다 더 위험한 것은 없다.'라고 했습니다. 이는 한 번의 성공이 계속된 성공을 보장하는 것은 아니라는 말인데요. 앨빈 토플러는 새로운 책을 낼 때마다 처음 책을 출간하는 것처럼 열심히 집필하고 마케팅을 한다고 하였습니다.

한편 투자의 귀재라고 불리는 워렌 버핏은 '평판을 쌓는데는 20년이 걸리지만 그것을 망치는 데에는 5분이 걸린다.'라고 했습니다. 이 말은 일과 고객에 대한 우리의 태도에 대해 말하고 있는데요. ㉠ 열 번을 잘해도 한번 잘못하면 눈 밖에 난다는 말처럼 언제나 자신이 맡은 일과 그 속에서 만나는 고객들에게 항상 성실한 자세를 가질 것을 말하고 있습니다.

마지막으로 독일의 천재 물리학자였던 아인슈타인은 '성공적인 사람이 되려고 하지 말고 가치 있는 사람이 되려고 해라.'라고 했는데요. 성공도 중요하지만 성공 그 자체가 목적이 되어서는 안 된다는 것을 말하고 있습니다. 현대의 사람들이 성공에만 매달리다가 주변과 자신을 돌보지 못하는 경우가 많습니다. 내가 속한 곳에서 가치 있는 일을 찾다가 보면 성공도 함께 따라오지 않을까요?

- 명언
- 공통점
- 뚜렷하다
- 가치관
- 보장하다
- 출간하다
- 집필
- 투자의 귀재
- 평판
- 눈 밖에 나다
- 자세를 가지다
- 물리학자
- 매달리다

3. 다음 질문에 답하세요.

(1) 윗글의 내용과 일치하지 않는 것을 고르세요. (답:)

① 성공한 사람들은 자신만의 가치관이 있었다.
② 좋은 평판을 쌓는 데에는 오랜 시간이 걸린다.
③ 현대의 사람들은 성공만을 생각하는 경우가 많다.
④ 한번 성공을 한 사람은 다음에도 쉽게 성공할 수 있다.

(2) ㉠ '열 번을 잘 해도 한번 잘못하면 눈 밖에 난다'는 말은 무슨 뜻입니까?

4. 알맞은 말을 골라 쓰세요.

[보기] 뚜렷하다 눈 밖에 나다 매달리다

(1) A사의 제품은 ______ 자기만의 색깔을 가지고 있다.

(2) 지난번의 실수로 인해 상사의 ______.

(3) 우리 팀의 기태 씨는 일에만 ______ 살아서 걱정이다.

5. 생각해 보세요.

(1) 어제의 성공이 위험한 이유는 무엇입니까?

(2) 왜 성공 자체가 목적이 되어서는 안 되는지 이야기해 보세요.

6. 성공한 사람들의 명언을 더 찾아 보고 그 의미에 대해 이야기해 보고 써 보세요.

	명언	뜻
앨빈 토플러	어떤 것도 어제의 성공보다 더 위험한 것은 없다	한 번의 성공이 계속된 성공을 보장하는 것은 아니다. 항상 처음의 마음으로 열심히 노력해야 한다.
1.		
2.		
3.		

22 모르는 사람이 없을 정도라고 합니다

학습 목표

- 주제: 언론사와의 인터뷰
- 어휘: 성공 요인
- 문법: 와/과 다르게/달리, -(으)ㄹ 정도로

말하기

기 자: 시청자 여러분, 안녕하십니까? KVTV 주민정입니다. 요즘 베트남에서 베한전자 노트북을 모르는 사람이 없을 정도라고 하는데요. 베한전자 영업팀의 투안 대리를 모시고 그 이유를 들어보겠습니다. 투안 대리님, 안녕하세요? 개발하신 제품이 큰 사랑을 받아서 좋으시겠어요.

투 안: 네. 시장의 반응이 좋아서 저희도 신나게 일하고 있습니다.

기 자: 이렇게 크게 주목을 받는 이유가 무엇일까요?

투 안: 기존 제품과 달리 가벼우면서도 성능이 뛰어나기 때문이라고 생각합니다. 예전에는 성능이 좋을수록 무거웠거든요. 그런데 새 제품은 중량을 기존의 반 정도로 줄였습니다.

기 자: 저도 사용해 봤는데 한 손으로 들어도 무리가 없을 정도였습니다. 그런데 무게 말고도 크게 환영 받는 이유가 더 있을 것 같은데요.

투 안: 스마트폰과 유사하다는 점 때문입니다. 베트남 사람들은 컴퓨터보다 모바일에 더 익숙하거든요. '베한노트 N'은 스마트폰처럼 필기가 가능하고, 스마트폰으로 노트북에 접속해서 파일을 관리할 수도 있습니다.

기 자: 그렇군요. 결국 소비자의 필요를 정확히 파악하여 제품 개발에 반영한 것이 성공 요인이라고 할 수 있겠네요.

투 안: 네. 한국의 기술력과 베트남 시장의 요구가 결합하여 좋은 결과를 이끌어 낼 수 있었던 것으로 보입니다.

1. 다음 표현을 사용하여 문장을 만들어 보세요.

- 파악하다
- 주목을 받다
- -(으)면서도

2. 여러분 회사의 제품이 갖고 있는 특징에 대해 이야기해 보세요.

듣고 말하기

1. '같은 목표를 가지고 함께 움직인다'는 말의 뜻에 대해서 생각해 보세요.

2. 다음의 의미를 확인해 보세요.

- 감동의 드라마
- 강팀
- 열등의식
- 없애다
- 원동력
- 절대적으로
- 저마다
- 역량을 발휘하다
- 리더
- 리더십
- 본받다

3. 잘 듣고 다음 질문에 답하세요.

(1) 들은 내용과 같은 것은 무엇입니까? (답:)

① 남자는 새로 드라마를 찍은 감독을 인터뷰하고 왔다.
② 남자가 인터뷰한 사람은 인터뷰 내내 좀처럼 웃지 않았다.
③ 남자가 인터뷰한 사람은 베트남에서 잘 알려져 있지 않다.
④ 여자는 남자가 인터뷰한 사람의 이야기를 들은 적이 있다.

(2) 남자가 생각하는 이 시대 리더의 모습이 아닌 것은 무엇입니까? (답:)

① 직원들에게 자신감을 심어 준다.
② 직원들이 개인의 능력을 펼칠 수 있게 해 준다.
③ 회사가 공통된 목표를 가지고 발전할 수 있게 한다.
④ 직원들에게 리더로서 믿음이 가는 모습을 보여준다.

4. 회사에 필요한 리더는 어떤 사람입니까? 함께 이야기해 보세요.

읽고 쓰기

1. '사람들의 마음을 얻지 못하면 사업은 없다'는 말의 의미는 무엇입니까? 함께 이야기해 보세요.

2. 다음 글을 읽어 보세요.

요즘 베트남 시장에 진출하는 한국 기업이 빠르게 늘고 있다. 이미 베트남에 진출한 한국 기업이 약 6000개에 이르며 이 중 많은 기업들이 성공 신화를 쓰고 있다. 그 중 가장 대표적인 기업은 V전자로 베트남 현지에서만 17만 명이 넘는 직원을 고용하고 있다. 전년도 V전자의 수출액이 베트남 총 수출의 약 25%를 차지할 정도로 베트남 경제에서 매우 중요한 위치를 차지하고 있다. V전자가 이렇게 베트남에서 성공할 수 있었던 것은 현지 진출에 앞서 철저한 시장조사를 바탕으로 현지 시장의 흐름을 분석했기 때문이다. 이를 통해 세심한 진출 전략을 수립하고, 현지화 및 차별화를 통해 시장에서 경쟁력을 갖춘 것이 주요 성공 요인으로 꼽힌다. 뿐만 아니라 베트남 현지 파트너와의 협업을 확대하고 연구개발(R&D) 사업 및 교육 훈련을 통해 현지에서의 역량 강화에 힘씀으로써 베트남 기업들과 상생을 추구한 것은 타 기업의 좋은 모델이 되고 있다.

한국 기업의 현지 진출은 앞으로도 계속될 전망이다. 이들이 베트남 현지 시장에서 살아남기 위해 기억해야 할 것이 있다. 그것은 바로 '사람들의 마음을 얻지 못하면 사업은 없다.'는 것이다. 이는 성공적인 현지 진출을 위해서 무엇보다 중요한 것이 베트남 사람들의 신뢰를 얻고 마음을 잡아야 한다는 것을 의미한다. 현지 사람들이 무엇을 원하는지를 정확히 파악하여 열정과 끈기를 가지고 도전할 때 지속적인 성공 또한 따라올 것이다.

- 성공 신화
- 바탕을 두다
- 진출 전략
- 수립하다
- 현지 파트너
- R&D
- 상생을 추구하다
- -(으)ㄹ 전망이다
- 살아남다
- 끈기

3. 다음 질문에 답하세요.

(1) 윗글의 내용과 일치하지 않는 것을 고르세요. (답:)

① 베트남에 있는 한국 회사가 벌써 6000개 정도가 되었다.

② V전자의 작년의 수출액은 베트남 수출액의 1/4에 이른다.

③ 한국 기업들의 베트남 현지 진출이 계속될 것으로 예상된다.

④ V전자는 현지에 진출한 이후에 철저한 시장 조사를 실시하였다.

(2) 베트남 진출을 원하는 기업들이 알아야 할 중요한 것은 무엇입니까?

4. 알맞은 말을 골라 쓰세요.

[보기]	바탕 상생 전망

(1) 한국 기업의 베트남 현지 진출은 앞으로도 지속될 ______.

(2) 베한전자의 성공은 철저한 시장조사에 ______을/를 두고 있다.

(3) 베한전자는 현지 파트너와 ______을/를 추구하여 업계의 귀감이 되고 있다.

5. 생각해 보세요.

(1) 외국 기업이 국내에서 성공하기 위한 조건은 무엇입니까?

(2) 현지인의 신뢰를 얻고 마음을 잡기 위해서는 어떻게 해야 합니까?

6. 여러분이 생각하는 "기업의 성공 요인"에 대해 이야기해 보고 써 보세요.

	기업의 성공 요인	이유
보기	철저한 시장조사	시장 진출에 앞서 철저한 시장조사를 해야 현지 시장의 흐름을 읽을 수 있고 이에 따른 시장 진출 전략을 세울 수 있다.
1.		
2.		
3.		

23 앞으로도 계속 발전해 갈 것입니다

학습 목표

- 주제: 연설
- 어휘: 사회 및 연설
- 문법: -어/아 가다/오다, -고자

말하기

투 안: 베한전자 임직원 여러분, 안녕하십니까? 오늘 행사의 사회를 맡은 투안입니다. 지금부터 베한전자 송년회를 시작하겠습니다. 먼저 대표이사님의 송년사가 있겠습니다. 모두들 박수로 환영해 주시기 바랍니다.

베한전자 대표: 베한전자 가족 여러분, 안녕하십니까? 어느덧 올 한 해도 저물어 가고 있습니다. 지난 한 해 동안 수고한 자기 자신과 동료에게 따뜻한 박수를 보내 주시면 좋겠습니다. 오늘 저는 여러분께 좋은 소식을 전할 수 있어 무척 기쁩니다. 우리가 개발한 신제품이 시장에서 폭발적인 반응을 이끌어 내고 있습니다. 그 결과, 회사 매출이 전년 대비 이십 퍼센트나 상승했습니다. 이는 베한전자 설립 이후 최고 수준의 성장입니다. 또한 신제품을 위해 제작한 광고가 '올해의 광고상'을 수상하였습니다. 즉, 우리 베한전자는 이번 신제품 개발을 통해 매출 증대와 인지도 상승이라는 두 마리 토끼를 한꺼번에 잡은 것입니다. 이 모든 것은 그동안 땀 흘려 온 임직원 여러분 덕분입니다. 여러분의 수고에 감사하는 마음을 표현하고자 오늘 이 자리를 마련했습니다. 맛있는 음식도 드시고, 동료들과 못다 한 이야기도 나누시면서 한 해를 즐겁게 마무리하셨으면 합니다. 그동안 우리는 어려움 속에서도 서로를 믿으면서 함께해 왔습니다. 앞으로도 베한전자는 지금까지 해 온 것처럼 끊임없이 발전해 갈 것입니다. 오늘은 우리 모두의 날입니다. 마음껏 즐기시기를 바랍니다.

1. 다음 표현을 사용하여 문장을 만들어 보세요.

- 어느덧
- 끊임없이
- 마음껏

2. 우리 회사는 연말과 연초에 어떤 모임이 있습니까? 그때 무엇을 합니까?

듣고 말하기

1. 우리 회사에서 대표이사나 임원의 연설을 들을 수 있는 기회는 언제입니까? 그 때 어떤 이야기를 주로 합니까? 이야기해 보세요.

2. 다음의 의미를 확인해 보세요.

신년회	규모	성장세	창립
회장	수출량	주춤하다	주년
임직원	기록하다	놀랍다	믿어 의심치 않다
국내외	주가	결실을 맺다	한결같다
사상	개선되다	몸을 아끼지 않다	책임감
최대	경기 침체	아시다시피	성실함

3. 잘 듣고 다음 질문에 답하세요.

(1) 들은 내용과 다른 것은 무엇입니까? (답:)

① 지난해에 우리 회사의 주가가 올라갔다.
② 경쟁 업체는 작년에 10% 성장을 기록했다.
③ 새해를 시작하면서 회사의 임직원들이 모였다.
④ 작년은 우리 회사의 수출이 가장 많이 이루어진 해였다.

(2) 새해는 왜 우리 회사에 더욱 의미 있는 해입니까?

4. 내가 우리 회사의 대표이사라고 생각하고 임직원들 앞에서 연설을 해 보세요.

읽고 쓰기

1. 우리 회사는 언제 처음 세워졌습니까? 회사의 창립 기념일은 언제입니까? 이야기해 보세요.

2. 다음 글을 읽어 보세요.

베한전자 창립 기념식 안내

우리 회사가 어느덧 창립 18주년을 맞이하게 되었습니다.
이 자리를 기념하고자 본사 대강당에서 창립 기념식이 열립니다.
이 날은 특별히 오랜 시간 동고동락해 온 베한전자 가족들을 모시고 뜻깊은 시간을 보내고자 합니다. 바쁘시더라도 참석하시어 자리를 빛내 주시면 감사하겠습니다.

- 일시: 4월 20일 (금) 18:00
- 장소: 본사 9층 대강당
- 대상: 베한전자 임직원
- 식순
  1. 개회 선언 ······ 진행자
  2. 연혁 소개 ······ 진행자
  3. 귀빈 소개 ······ 진행자
  4. 기념사 ······ 대표이사
  5. 축사 ······ 무역센터장
  6. 장기 근속자 포상 ······ 대표이사
  7. 폐회 선언 ······ 진행자
  8. 기념 촬영 및 만찬 ······ 다 함께
- 문의: 총무팀 프엉(내선7120)

- 기념식
- 맞이하다
- 본사
- 동고동락하다
- 뜻깊다
- 빛내다
- 식순
- 개회 선언
- 연혁
- 진행자
- 기념사
- 축사
- 장기 근속자
- 포상
- 폐회 선언
- 만찬
- 내선

3. 다음 질문에 답하세요.

(1) 윗글의 내용과 다른 것을 고르세요. (답:)

① 베한전자는 18년 전에 세워졌다.
② 금요일에 기념식 행사를 진행한다.
③ 기념식에는 장기근속자가 참여한다.
④ 만찬을 위해 기념식이 9층 식당에서 진행된다.

(2) 행사의 내용으로 맞는 것을 고르세요. (답:)

① 대표이사의 축사가 예정되어 있다.
② 오랫동안 근무한 직원을 위한 시상이 있다.
③ 사진을 찍고 나면 사회자가 폐회를 선언할 것이다.
④ 무역센터장이 베한전자의 역사에 대해 이야기할 것이다.

4. 알맞은 말을 골라 쓰세요.

[보기]	뜻깊다 빛내다 맞이하다 동고동락하다

(1) 우리 회사에 처음 오신 분들을 웃는 얼굴로 ______.

(2) 부디 참석해 주셔서 자리를 ______ 주시기 바랍니다.

(3) 오랫동안 ______ 친구들과 헤어지게 돼서 매우 슬프다.

5. 생각해 보세요.

(1) 우리 회사 행사는 어떤 순서로 진행됩니까? 각 행사마다 식순에는 어떤 차이가 있습니까?

(2) 회사의 직원들이 모두 모이는 행사를 준비한다면 어떤 행사를 하고 싶습니까?

6. 회사 행사를 위한 안내문을 써 보세요.

행사명	신입 사원 환영회	
일시	1월 18일(금) 19:00	
장소	1층 소강당	
식순	1. 개회 선언 2. 환영사 3. 축사 4. 신입 사원 소개 5. 기념 촬영 6. 폐회 선언 7. 환영 만찬	

24 아무래도 둘이 사귀는 모양이에요

학습 목표

- 주제: 연애
- 어휘: 소문
- 문법: -대서, -(으)ㄴ/는 모양이다

말하기

투 안: 음악에 맞춰서 신나게 춤을 추고 나니 스트레스가 풀리네요.

이유미: 그러고 보니 대리님, 동호회 활동은 오랜만이죠?

투 안: 네. 몇 달 동안 제품 출시에만 집중하느라고 일만 했는데 이제 한숨 돌릴 수 있게 됐어요.

이유미: 정말 수고 많으셨어요. 그런데 대리님, 저기 기태 씨하고 짱 씨 좀 보세요. 뭔가 달라진 것 같지 않아요?

투 안: 기태 씨하고 짱 씨요? 음, 춤 실력이 좋아진 것 같은데요.

이유미: 그거 말고요. 요즘 두 사람이 함께 다니는 걸 자주 보거든요. 밥도 같이 먹고 퇴근도 같이 하고요. 아무래도 둘이 사귀는 모양이에요.

투 안: 에이, 둘은 원래 친했잖아요. 같은 팀이니까 단짝 같은 거죠, 뭐.

이유미: 처음엔 저도 그렇게 생각했어요. 그런데 사람들이 둘이 사귀는 것 같대서 유심히 살펴봤더니 정말 달라졌더라고요. 웃음이 많지 않은 짱 씨가 요즘 들어 부쩍 잘 웃고, 또 기태 씨는 항상 짱 씨를 사랑스럽게 바라보고…. 저것 좀 보세요. 지금도 그러잖아요. 소문이 사실이라니까요.

투 안: 음, 그런가요? 나는 잘 모르겠는데….

1. 다음 표현을 사용하여 문장을 만들어 보세요.

- 아무래도
- 원래
- 요즘 들어

2. 최근에 들은 소문은 무엇입니까? 소문의 내용과 그것을 듣고 어떻게 말했는지 이야기 해 보세요.

듣고 말하기

1. 사람들이 어떤 이야기에 관심이 많은 것 같습니까? 이야기해 보세요.

2. 다음의 의미를 확인해 보세요.

- 연예
- 열애
- 스타
- 커플
- 아니 땐 굴뚝에 연기 날까?
- 팬클럽
- 듣기 좋으라고 하는 말
- 순진하다

3. 잘 듣고 다음 질문에 답하세요.

(1) 들은 내용과 같은 것은 무엇입니까? (답:)

① 여자의 친척 중에 유명한 배우가 있다.
② 여자는 남자의 말이 틀림없다고 말했다.
③ 남자는 여자가 모르는 소문을 알고 있다.
④ 남자는 인기 있는 배우의 팬클럽에 가입했다.

(2) 배우 배지호 씨는 팬들에게 무슨 약속을 했습니까? (답:)

① 팬들과 비밀 이야기를 자주 하겠다.
② 연애를 시작하면 팬들에게 알리겠다.
③ 동료 배우와 그냥 친구처럼 지내겠다.
④ 평생 결혼하지 않고 팬들만 바라보겠다.

4. 최근 관심을 끌었던 소문이 있습니까? 무엇에 대한 이야기인지 말해 보세요.

읽고 쓰기

1. 헛소문에 시달린 적이 있습니까? 근거 없는 소문 때문에 피해를 본 일을 이야기해 보세요.

2. 다음 글을 읽어 보세요.

사실이 확인되지 않은 근거 없는 소문을 '루머(rumor)'라고 한다. 부정적인 루머는 기업의 이미지에 치명타를 입힌다. 얼마 전 업계 1위 회사에서 제조한 맥주에서 소독약 냄새가 난다는 소문이 떠돌았다. SNS에서는 '업계 비밀이라 자세히 알리지 못하지만 올해 4월부터 8월까지 생산한 맥주는 절대 마시면 안 된다.', '임신한 여성에게는 독이나 다름없으니 반드시 피해야 한다.'와 같은 말들이 퍼졌다. 결국 사실이 아니라는 것이 밝혀졌지만 한번 떨어진 매출은 회복되지 않았다. 이렇듯 악성 루머로 인해 기업이 입은 피해는 돌이킬 수 없는 경우가 많다.

사실 루머는 사람들의 호기심을 끌어서 굉장히 빠른 속도로 퍼지기는 하지만, 대부분 근거가 없기 때문에 시간이 지나면 자연스럽게 사실인지 아닌지가 밝혀진다.

그렇다고 해서 기업은 악성 루머가 잠잠해지기만을 기다려야 할까? 게다가 요즘은 SNS를 통해 순식간에 거짓 뉴스가 확산되므로 기업은 (㉠   ).

- 악성 루머
- 치명타를 입히다
- 업계
- 제조하다
- 소독약
- SNS(Social Networking Service: 소셜 네트워크 서비스)
- (이)나 다름없다
- 밝혀지다
- 회복되다
- 돌이키다
- 잠잠해지다
- 순식간에
- 확산되다

3. 다음 질문에 답하세요.

(1) '루머'에 대한 설명이 아닌 것은 무엇입니까? (답:)

① 시간이 흐르면 사실인지 거짓인지 알 수 있다.
② 사람들의 호기심을 끌어 전달되는 속도가 빠르다.
③ 최근 스마트폰을 통해 확산 속도가 더욱 빨라졌다.
④ 기업이 긍정적인 이미지를 만드는 데 도움을 준다.

(2) ㉠에 들어갈 말로 알맞은 것은 무엇입니까? (답:)

① 악성루머를 무시해야 한다
② 최대한 빠르게 대응해야 한다
③ 대표가 나서서 사과해야 한다
④ 반대 소문을 만들어서 배포해야 한다

4. 알맞은 말을 골라 쓰세요.

[보기] 다름없다 돌이키다 입히다 밝혀지다

(1) 이번 지진은 도시에 큰 피해를 ______.

(2) 한번 떨어진 소비자의 신뢰는 ______ 힘들다.

(3) 선배와 나는 어려운 일도 기쁜 일도 함께 하면서 형제나 ______ 사이가 됐다.

(4) 그동안 소문으로만 돌던 말이 사실로 ______.

5. 생각해 보세요.

평소 소비자의 신뢰를 쌓은 기업에 대해 악성 루머가 생길 경우, 소비자들이 기업 대신에 나서서 루머를 해명하기도 한다. 그러나 기업의 명성이 나쁠 경우, 소비자들은 루머를 그대로 믿고 따르는 경향을 보인다. 그러므로 기업은 소비자의 신뢰를 쌓을 수 있도록 꾸준히 노력해야 한다.

(1) 기업에 대해 좋은 소문을 들은 적이 있습니까? 어떤 소문이었습니까?

(2) 어떤 기업의 거짓 소문을 들은 적이 있습니까? 어떤 내용이었습니까?

6. 거짓 소문이나 뉴스가 났을 때, 어떻게 대응하면 좋을까요? 회사나 유명인과 관련한 악성 루머의 사례와 대처 방법을 조사해 보세요. 그리고 그들의 대처 방법이 효과적이었는지 판단하고 써 보세요.

보기	
거짓 소문/뉴스	맥도날드, 햄버거에 들어갈 고기를 쇠고기가 아니라 지렁이로 만든다.
대처 방법	지렁이로 만들면 쇠고기의 5배 이상의 비용이 들기 때문에 말도 안 된다는 대응 광고를 냈다.
효과	X, 사람들이 광고를 볼 때마다 지렁이를 생각했다.
내 생각	아무리 사실이라고 하더라도, 부정적인 이미지를 계속 떠올리게 하는 것은 안 된다.

보기	
거짓 소문/뉴스	
대처 방법	
효과	
내 생각	

25

바쁘시더라도 오셔서 축하해 주시면 감사하겠습니다

학습 목표

- 주제: 결혼식
- 어휘: 결혼
- 문법: -더라도, -(으)ㄴ/는 만큼

말하기

김영미: 어, 기태 씨. 영업팀에는 어쩐 일이세요?

박기태: 인사드릴 일이 있어서 왔습니다. 부장님, 저 장가갑니다.

김영미: 와, 축하해요. 결혼식이 언제예요?

박기태: 다음 달 이십 일입니다. 이거 청첩장입니다.
바쁘시더라도 오셔서 축하해 주시면 감사하겠습니다.

김영미: 정말 좋은 소식이네요. 기태 씨처럼 눈이 높은 사람이 반한 신부는 누군가요?

박기태: 같은 팀에서 일하는 짱 씨입니다.

투 안: 아니, 그럼 둘이 정말 사귀는 거였어요? 유미 씨 말이 맞았구나. 두 사람 언제부터 사귄 거예요?

박기태: 사실 제가 짱 씨한테 첫눈에 반해서 꽤 오랫동안 짝사랑을 해 왔어요. 그러다가 일 년 전에 짱 씨가 활동하는 동호회에 가입하면서 자연스럽게 가까워지고 사귀게 되었어요.

투 안: 그런데 왜 비밀로 했어요?

박기태: 사내 연애라서 조심스러웠거든요. 게다가 국제결혼이라서 양가의 반대가 좀 있었어요. 하지만 지금은 모두 저희를 인정하고 축복해 주십니다.

김영미: 그랬군요. 어렵게 결혼하는 만큼 더 행복하게 잘 사실 거예요. 축하합니다.

박기태: 고맙습니다.

1. 다음 표현을 사용하여 문장을 만들어 보세요.

- 바쁘시더라도
- 눈이 높다
- 첫눈에 반하다

2. 결혼을 축하하는 말에는 어떤 것이 있습니까? 이야기해 보세요.

듣고 말하기

1. 국제결혼에 대해서 생각해 본 적이 있습니까? 국제결혼에 대한 생각을 동료들과 이야기해 보세요.

2. 다음의 의미를 확인해 보세요.

- 하객
- 뜻깊다
- 주례
- 주례사
- 국제결혼
- 난관
- 헤치다
- 가정을 꾸리다
- 당부
- 주례사를 갈음하다

3. 잘 듣고 다음 질문에 답하세요.

(1) 들은 내용과 같은 것은 무엇입니까? (답:)

① 신랑과 신부는 같은 국적을 가지고 있다.
② 신랑의 부모님은 결혼식에 참석하지 못했다.
③ 주례사가 짧으면 결혼식이 가벼워 보일 수 있다.
④ 주례를 하는 사람은 두 사람과 같은 직장에서 근무한다.

(2) 주례 선생님이 당부한 내용이 아닌 것은 무엇입니까? (답:)

① 살다가 난관에 부딪혔을 때 서로를 의지해야 한다.
② 결혼 생활에 어려움이 있을 때 서로를 믿어야 한다.
③ 가장 좋은 효도는 양가 부모님을 자주 찾아뵙는 것이다.
④ 신랑과 신부는 양가 부모님께 행복한 모습을 보여드려야 한다.

4. 여러분이 주례를 맡는다면 결혼을 하는 신랑과 신부에게 어떤 당부를 하고 싶습니까? 이야기해 보세요.

읽고 쓰기

1. 여러분이 생각하는 좋은 결혼식은 어떤 것입니까? 이야기해 보세요.

2. 다음 글을 읽어 보세요.

최근 한국의 결혼식 문화에 변화가 생기고 있다. 새로운 결혼 문화로 인기를 끌고 있는 것은 바로 '스몰 웨딩(small wedding)'이다. 스몰 웨딩은 말 그대로 작은 결혼식을 뜻한다. 허례허식을 버리고 결혼에 꼭 필요한 것만 하면서 돈도 절약하고, 웨딩 플래너(Wedding Planner) 등의 도움을 받지 않고 신랑 신부가 직접 결혼식을 준비하면서 결혼의 의미도 다시 생각해 보자는 것이다.

이런 움직임은 유명 연예인들이 스몰 웨딩을 하면서 널리 퍼지기 시작했다. 유명 연예인들이 호텔이나 화려한 예식장에서 결혼을 하지 않고, 작은 집이나 교회, 시골 들판에서 결혼식을 올리기도 했다. 많은 사람들을 초대하지 않고 가족들과 친한 친구들만 초대해서 결혼식을 올린 것이다.

일반적인 결혼식에 우리나라 사람들이 사용하는 돈은 평균 2400만원인데, 스몰 웨딩을 하는 사람들은 평균적으로 650만원을 쓰는 것으로 나타났다. 많은 사람들이 스몰 웨딩을 긍정적으로 생각하고 이를 실행하는 사람들이 늘어나자 정부와 지방 단체들도 결혼식에 사용할 건물을 무료로 빌려주거나, 웨딩드레스 등을 저렴하게 대여하는 등, 많은 지원을 하고 있다.

반면 스몰 웨딩을 하게 되면 신랑 신부가 하나하나 준비를 해야 해서 시간과 노력이 너무 많이 든다는 점과 결혼식에 대해 다른 생각을 가진 부모님 세대와의 갈등이 생기기도 한다는 단점이 있다.

- 스몰 웨딩
- 작은 결혼식
- 허례허식
- 웨딩 플래너
- 널리
- 퍼지다

3. 다음 질문에 답하세요.

(1) 윗글의 내용과 같은 것을 고르세요. (답:)

① 작은 결혼식은 웨딩 플래너의 도움을 받아서 한다.
② 작은 결혼식은 신랑과 신부가 결혼식 준비를 직접 하는 것이다.
③ 작은 결혼식은 일반 사람들이 시작하여 유명 연예인들에게도 퍼졌다.
④ 작은 결혼식은 정부나 지방 단체의 건물을 대여해서 하는 것을 말한다.

(2) 스몰 웨딩의 단점이라 할 수 있는 것은 무엇입니까?

4. 알맞은 말을 골라 쓰세요.

[보기] 허례허식 널리 작은 결혼식

(1) 요즘은 가족과 친한 친구 몇몇만 초대해서 ______ 을/를 올리는 경우를 많이 찾아볼 수 있다.

(2) 전통을 지키는 것도 중요하지만 과도한 ______ 을/를 근절할 수 있도록 결혼 문화에 변화가 필요하다.

(3) 두 사람이 결혼한다는 소식은 이미 회사 전체에 ______ 퍼졌다.

5. 생각해 보세요.

(1) 여러분은 어떤 결혼식을 하고 싶습니까?

(2) 작은 결혼식에 대한 여러분의 생각을 친구들과 함께 이야기해 보세요.

6. 베트남 결혼 문화의 장점과 단점이 무엇이라고 생각합니까? 어떤 부분이 바뀌었으면 좋겠다고 생각하는지 써 보세요.

베트남 결혼식에 대한 설명	
장점	
단점	
어떻게 변하면 좋겠습니까?	

베트남인을 위한

비즈니스 한국어 중급활용

부록

부록

듣기 대본

1과

말하기

김영미 부장: 여러분, 모두 알다시피 우리 팀 응웬 투안 씨가 대리로 승진했습니다. 축하합니다.

투　　안: 감사합니다. 최선을 다하겠습니다.

김영미 부장: 그리고 오늘부터 배현주 씨가 인턴사원으로 우리와 함께 일하게 됐습니다. 배현주 씨는 인턴 교육을 받는 동안 우수한 평가를 받았다고 합니다.

배 현 주: 안녕하세요? 배현주입니다. 적극적인 자세로 열심히 배우겠습니다. 잘 부탁드립니다.

김영미 부장: 이제 비품 관리는 투안 대리 말고 현주 씨가 맡아 주세요.

배 현 주: 네, 그렇게 하겠습니다.

김영미 부장: 그리고 내일부터 이틀 동안 직원 교육이 있어서 투안 대리가 자리를 비울 예정입니다. 투안 대리가 없는 동안 업무에 차질이 없도록 신경 써 주세요.

직 원 들: 네, 알겠습니다.

듣고 말하기

3.

사회자: 여러분, 안녕하십니까? 오늘은 신입 사원들을 위해서 특별히 선배님들을 모시고 이야기를 들어보는 시간을 가지겠습니다. 박수 부탁드립니다.

선 배1: 저는 신입 사원들이 질문을 부끄러워하지 않는 사람이 되기 바랍니다. 모르면 질문해야 하는데 자기 마음대로 하면 실수를 해도 도와줄 수가 없습니다. 적극적으로 질문하면서 배우는 후배가 더 좋습니다.

선 배2: 저는 처음에 너무 내성적이고 소극적인 성격이라서 인사도 잘 못했습니다. 그런데 다른 직원들은 제 성격을 모르니까 그런 저를 예의 없다고 생각하더라고요. 그래서 저는 항상 밝게 인사하고 미소를 짓도록 노력했습니다. 그러니까 직원들과 친해지고 일도 더 잘 배우게 됐습니다. 여러분도 일하는 동안 항상 먼저 인사하고 예의 있게 행동하기 바랍니다.

선 배3: 성실한 게 최고죠. 자기 업무에 최선을 다하는 모습을 보여 주는 것이 중요합니다. 미리 업무를 준비할 수 있도록 조금 일찍 출근해 보세요. 도와주는 선배들이 많아질 겁니다.

2과

말하기

배현주: 과장님, 아까 말씀하신 보고서 여기 있습니다.

노우성: 깔끔하게 잘했네요. 일은 할 만해요? 힘들지는 않고요?

배현주: 일이 어려울 때도 있지만 모두 잘 가르쳐 주셔서 재미있게 하고 있습니다.

노우성: 그래요? 다행이네요. 참! 이번 주부터 현주 씨가 해 줄 일이 있는데요. 우리 제품이 나온 기사나 방송 자료를 모두 찾아서 번역해 주세요.

배현주: 번역한 자료는 파일로 보내드리면 되나요?

노우성: 아니요, 출력해서 제 책상에 놔 주세요.

배현주: 네, 알겠습니다. 열심히 하겠습니다.

노우성: 힘든 일이 있거나 모르는 게 생기면 망설이지 말고 언제든지 이야기하세요. 우리 팀은 팀워크가 좋아서 즐겁게 일할 수 있을 거라고 생각합니다.

듣고 말하기

3.

투 안: 현주 씨, 다음 주에 사내 체육대회가 있는데 혹시 알고 있나요?

배현주: 네. 정 대리님한테서 들었어요. 정말 재미있을 것 같아요.

투 안: 맞아요. 정말 재미있어요. 제가 일 년 중에 제일 기다리는 날이에요.

배현주: 무슨 종목이 있어요?

투 안: 배드민턴, 배구, 단체 줄넘기, 줄다리기, 이어달리기, 팔씨름…. 여러가지예요.

배현주: 우와, 정말 다양하네요.

투 안: 그리고 각 종목마다 우승 상금이 꽤 크다고 하는데 출전 희망하는 종목 있으면 미리 연습해 놓으세요.

배현주: 대리님은 무슨 종목에 출전하세요?

투 안: 글쎄요. 지금 고민 중이에요. 지난번에 제가 배드민턴에 출전했는데 아쉽게도 우승을 못해서 재도전을 하고 싶어요. 그리고 과장님이랑 유미 씨가 자꾸 같이 단체 줄넘기에 나가자고 하네요.

배현주: 단체 종목은 우리 팀원들이 같이 출전하는 거예요?

투 안: 네, 맞아요. 지난해에는 우리 팀이 줄다리기에 나가서 우승을 했어요. 덕분에 상금도 받아서 그날 회식도 했지요.

배현주: 우리 팀원들 힘이 대단하신가 봐요.

투 안: 줄다리기는 힘보다 팀워크가 중요하지요. 팀워크라면 우리 팀이 최고니까 올해도 일등을 할 수 있을 거예요.

3과

말하기

배현주: 대리님, 아까 저 찾으셨다고 들었어요. 시키실 일 있으세요?

투 안: 뭐 물어볼 게 있어서요. 그런데 현주 씨, 어디에 있었어요?

배현주: 비품실에서 복사 용지를 찾다가 왔어요. 복사를 하다가 용지가 다 떨어져서 비품실에 갔는데 거기에도 없었어요.

투 안: 그럼 총무팀에 비품 신청을 해야 돼요. 비품 신청서 양식은 가지고 있지요?

배현주: 저, 그게…. 제가 파일을 확인하다가 실수로 지워 버렸어요. 죄송합니다.

투 안: 그래요? 그럼, 제가 메일로 보내 줄게요.
그런데 뉴스 번역한 자료는 어디에 있나요? 과장님이 찾으시더라고요.

배현주: 죄송해요. 복사 때문에 정신이 없어서 번역하는 걸 잊어버렸어요.
어떡하지요?

투 안: 그럼, 제가 과장님께 말씀드릴게요. 최대한 빨리 마무리해 주세요.

듣고 말하기

3.

배현주: 이쪽은 차가 많이 막히네요. 대리님, 저희 거래처와 약속한 시간까지 갈 수 있을까요?

투 안: 여기만 빠져나가면 괜찮을 거예요. 가다가 저 앞 사거리에서 우회전하세요.

배현주: 어, 그러면 멀리 돌아가는 거 아니에요? 여기 내비게이션에는 직진하라고 나오는데요.

투 안: 제가 이 시간대에 여러 번 다녀 봐서 아는데 지금 이 길 따라서 가면 꽉 막혀요.
돌아가는 게 훨씬 빨라요. 저 한번 믿어 보세요.

배현주: 네, 그럼 대리님만 믿을게요. 이제 우회전하면 되죠?

투 안: 네, 지금 꺾으면 돼요. 이제 저 앞에 보이는 쇼핑몰을 끼고 좌회전하세요.
그럼 한산한 길이 나올 거예요. 그 길로 쭉 가다가 보면 다시 큰길하고 만나요.
첫 번째 신호등에서 유턴해서 조금만 가면 거래처예요.

배현주: 다시 좌회전…. 어, 진짜네요. 길이 좁긴 하지만 오토바이도 많지 않고 이렇게만 가면 금방 도착하겠네요. 대리님 최고예요.

투 안: 아니에요. 베트남이 한국하고 달라서 교통이 많이 복잡하지요? 그래도 현주 씨 운전 잘하는데요.

4과

말하기

김영미: 투안 대리, 다음 주 업체 미팅 일정이 어떻게 되죠?

투 안: 한국 손님들이 다음 주 월요일 오후 다섯 시에 하노이 공항에 도착할 예정입니다. 그리고 우리 팀과 함께 저녁 식사를 하고, 회의는 화요일 오전 열 시에 하기로 했습니다.

김영미: 회의실은 어디로 예약했습니까?

투 안: 제품 소개를 위해서 프레젠테이션이 가능한 3층 회의실로 준비해 놓았습니다. 홍보팀도 회의에 참석하기로 했습니다.

김영미: 좋습니다. 월요일 저녁 식사는 어디에서 합니까?

투 안: 호텔 근처에 있는 한국 식당을 예약해 놓았습니다.

김영미: 네. 그럼 손님들이 공항에 도착하시자마자 식당으로 모시도록 하세요.

투 안: 알겠습니다. 저와 이유미 씨가 공항으로 가겠습니다.

듣고 말하기

3.

승객 여러분 안녕하십니까? 오늘도 베한 항공 VK331편을 이용해 주신 승객 여러분께 진심으로 감사의 말씀을 드립니다. 금일 여러분을 인천공항까지 모시고 가는 본 항공기의 기장은 김우진이며, 저는 부기장입니다. 현재 저희 항공기는 하노이공항을 이륙하여 안전하게 순항 중입니다. 목적지 인천 공항까지의 비행시간은 약 4시간 40분이 걸리며 오전 9시 30분에 도착할 예정입니다.

금일 항로상의 날씨는 대체로 양호할 것으로 예상되나 기류 변화로 인해 항공기가 갑자기 흔들릴 수도 있습니다. 승객 여러분께서는 조금 불편하시더라도 자리에 앉아 계실 때에는 안전을 위해 좌석벨트를 착용하여 주시길 바랍니다.

저희 베한항공과 함께 인천까지 즐겁고 편안한 여행이 되시길 바라며, 항상 여러분을 안전하고 쾌적하게 모실 수 있도록 저희 승무원들은 최선을 다하겠습니다. 감사합니다.

5과

말하기

식당 주인: 감사합니다. 한국 식당 '아리랑'입니다.

투　　안: 안녕하세요? 다음 주 월요일 저녁에 아홉 명 예약하려고 하는데요. 가능하죠?

식당 주인: 잠시만요. 네, 가능합니다. 몇 시로 예약해 드릴까요?

투　　안: 여섯 시 삼십 분으로 해 주세요. 그리고 조용한 자리였으면 좋겠습니다. 한국에서 중요한 손님이 오시거든요.

식당 주인: 네, 알겠습니다. 음식은 뭘로 준비해 놓을까요?

투　　안: 비빔밥을 시키려고 하는데 하나는 고기를 빼 주세요. 한 분이 고기를 안 드시거든요. 그리고 양념은 따로 준비해 주셨으면 좋겠습니다.

식당 주인: 비빔밥 하나는 고기 빼고, 양념은 따로 준비하겠습니다. 다음 주 월요일 여섯 시 삼십 분으로 아홉 분 예약되었습니다. 다른 사항이 있으면 언제든지 전화주세요.

투　　안: 감사합니다. 월요일 전에 한번 더 연락 드릴게요.

듣고 말하기

3.

남 자: 여보세요. 소리 박물관이죠? 오늘 한 시 표를 예매했는데요.
조금 일찍 도착할 것 같은데 열두 시에도 들어갈 수 있는지 해서요.

여 자: 네, 안녕하세요? 입구 매표소에서 한 시 표를 열두 시 표로 바꾸시면 됩니다.

남 자: 네, 알겠습니다. 그리고 표를 추가로 구입할 수 있나요?
일행이 한 명 더 늘었거든요.

여 자: 네, 가능합니다.

남 자: 가이드 해설을 함께 듣는 것도 가능하고요?

여 자: 한 분이라면 괜찮습니다. 그런데 손님, 가이드 해설은 정시에 시작합니다.
해설을 제대로 들으시려면 좀 더 일찍 오셔서 표를 준비하셔야 합니다.

남 자: 네, 알겠습니다. 마지막으로, 혹시 박물관 안에 식사가 가능한 곳이 있나요?

여 자: 식당은 따로 없습니다. 대신 2층에 휴게실이 있는데요.
거기에서 준비해 오신 음식을 드실 수 있습니다.

남 자: 네, 고맙습니다.

6과

말하기

한국 손님: 이렇게 저녁 식사와 호텔 예약까지 신경 써 주셔서 감사합니다. 데려다 주신 덕분에 호텔까지 편하게 왔네요.

투　　안: 별 말씀을요. 당연히 모셔다 드려야지요. 방은 바다가 보이는 쪽으로 예약했습니다. 경치가 좋을 거예요.

한국 손님: 고맙습니다. 그런데 아까 주신 이 서류 봉투에는 뭐가 들어 있습니까?

투　　안: 내일 회의 자료입니다. 저희 제품 카탈로그도 함께 넣었습니다.

한국 손님: 네, 잘 알겠습니다. 그리고 내일 '베한전자'에 택시로 가려고 하는데, 아침에 길이 많이 막힙니까?

투　　안: 출근 시간에는 차가 많이 밀리는 편입니다. 호텔이 회사에서 멀지 않으니 걱정하지 마십시오. 저희가 차를 보내드리겠습니다.

한국 손님: 네, 알겠습니다. 몇 시까지 호텔 로비로 나와 있으면 되겠습니까?

투　　안: 아홉 시까지 저희 직원을 보내겠습니다. 푹 쉬시고 내일 뵙겠습니다.

듣고 말하기

3.

호텔 직원: 안녕하십니까? 제주호텔입니다.

투　　안: 여보세요? 지난달에 방을 예약했는데 확인 좀 하려고요.

호텔 직원: 예약자 성함이 어떻게 되십니까?

투　　안: 응웬 투안입니다.

호텔 직원: 응웬 투안님 성함으로 17일부터 19일까지 2박 3일 예약되어 있습니다.

투　　안: 네, 맞습니다. 그런데 바다가 보이는 방인가요?

호텔 직원: 아, 예약하신 방은 바다 전망이 아닌데요. 한라산 뷰로 예약되어 있습니다.

투　　안: 그래요? 바다 전망으로 바꾸려면 추가 요금이 드나요?

호텔 직원: 네, 그렇습니다. 2만원 추가 요금이 있는데 체크아웃 시에 결제하시면 됩니다. 현재 남은 방이 있는데 변경해 드릴까요?

투 안: 네, 그렇게 해 주세요. 그리고 아침 식사도 포함되어 있지요?

호텔 직원: 네, 조식이 포함되어 있습니다. 입장 시간은 오전 7시부터 10시까지입니다.

투 안: 알겠습니다. 제주 공항에서 호텔까지 어떻게 갈 수 있어요?

호텔 직원: 공항에서 호텔까지 셔틀 버스로 오실 수 있습니다.
셔틀 버스는 호텔 투숙객에 한해 무료로 이용하실 수 있으니
버스 탑승 시에 예약자 성함을 말씀해 주시면 됩니다.

투 안: 아, 그렇군요. 다행이네요.

호텔 직원: 더 궁금하신 것 없으십니까?

투 안: 네, 괜찮습니다.

호텔 직원: 저희 호텔을 이용해 주셔서 감사드립니다. 좋은 하루 되십시오.

투 안: 네, 안녕히 계세요.

7과

말하기

노우성: 투안 대리 아직 안 왔어요?

이유미: 네. 대리님이 지각할 리가 없는데요. 제가 연락 드려 보겠습니다.

----------------------- 잠시 후 -----------------------

이유미: 과장님, 방금 대리님과 통화가 되었는데요.
회사 오는 길에 교통사고를 당했대요.

노우성: 네? 교통사고요? 많이 다쳤대요?

이유미: 아니요. 다행히 많이 다치지는 않았대요.

노우성: 그래요? 불행 중 다행이네요. 지금 어디래요?

이유미: 지금은 병원인데 다리를 다쳐서 검사를 받는 중이래요.
연락이 늦어서 죄송하다고 전해 달래요. 대리님 때문에 업무에 차질이
생기겠다고 걱정하셨어요.

노우성: 투안 대리도 참! 자기 몸을 먼저 생각해야지. 그 와중에 회사 걱정을 하네요.
다리를 다쳤으면 며칠 회사에 못 나오겠네요.

이유미: 검사 결과를 기다려 봐야 되는데 며칠 입원해야 할 수도 있대요.

노우성: 알겠어요. 투안 대리한테 일단 몸조리 잘하라고 전해 줘요.

듣고 말하기

3.

투 안: 여보세요, 유미 씨, 왜요? 회사에 무슨 일 있어요?

이유미: 대리님도 참! 회사에 아무 일 없어요. 과장님 말씀 전해 드리려고 전화한 거예요.

투 안: 아, 그렇군요. 전 제가 회사에 못 가서 저 때문에 무슨 문제라도 생긴 줄 알았어요. 과장님이 뭐라고 하셨어요?

이유미: 대리님은 다친 중에도 회사 걱정하신다고 기특하다고 하셨어요. 이럴 때는 회사 말고 자기 몸을 먼저 생각해야 하는 거 아니에요? 아무튼 몸조리 잘하라고 전해 달래요.

투 안: 네, 감사하다고 전해 주세요. 그나저나 아까 검사 결과가 나왔는데 아무래도 일주일은 입원해야 할 것 같대요.

이유미: 네, 일주일씩이나요? 대리님 없으면 우리 팀이 안 돌아가는데⋯.

투 안: 에이, 그럴 리가 있겠어요? 저보다 뛰어난 세아 대리님도 계시고, 무엇보다 다재다능한 유미 씨가 있는데 저 하나 없다고 우리 팀이 안 돌아갈 리가 없지요.

이유미: 농담이에요. 농담. 대리님 몫까지 저희가 열심히 일할게요. 아무 걱정 말고 빨리 완쾌하세요. 내일이나 모레 팀 사람들이랑 병문안 갈게요. 그럼 다시 전화 드릴게요.

투 안: 다들 바쁜데 병문안 안 와도 괜찮아요. 마음만 받을게요. 고마워요. 유미 씨, 또 연락해요.

8과

말하기

이유미: 대리님, 저희 왔어요.

투 안: 어, 유미 씨, 과장님까지, 이렇게 다들 안 오셔도 되는데….

노우성: 우리 팀원이 다쳤는데 당연히 와 봐야지, 무슨 말이에요?

투 안: 다들 바쁘신데 죄송해서요. 이렇게 와 주셔서 정말 감사합니다.

이유미: 그나저나 대리님, 몸은 좀 괜찮으세요? 영업팀 직원들 모두 얼마나 걱정했는데요.

투 안: 보시다시피 괜찮습니다. 며칠만 입원해 있으면 된대요.

노우성: 역시 투안 씨는 밝아서 좋아요. 그런데 어쩌다가 사고가 난 거예요?

투 안: 그게 제가 집 앞 횡단보도에 서 있었는데요. 회사에 늦을까 봐 급하게 건너다가 지나가는 오토바이하고 부딪쳤어요.

노우성: 저런, 큰일 날 뻔했네요.

투 안: 네, 다행히 정면으로 부딪치지는 않았어요. 검사해 보니까 다리에 금이 가서 한 달 정도 깁스를 하면 괜찮을 거래요.

듣고 말하기

3.

사회자: 오늘 '이야기 초대석'에는 패럴림픽 금메달리스트 심의현 선수와 아내 박희선 씨를 모셨습니다. 안녕하세요? 나와 주셔서 감사합니다. 이번에 심의현 선수가 한국 선수로는 처음으로 패럴림픽 스키 종목에서 금메달을 따셨어요. 스키는 어떻게 시작하게 되셨나요?

심의현: 제가 대학교 졸업 전날 큰 교통사고가 나서 두 다리를 절단하게 됐어요. 그 이후로 밖에도 안 나가고 집 안에서 술만 마시고 방황을 많이 했죠. 그러다가 운동을 시작하게 된 것도, 이 자리까지 올 수 있게 된 것도 모두 제 아내 덕분입니다.

사회자: 네. 아내인 박희선 씨께서 많은 힘이 되어 주셨군요. 그런데 박희선 씨는 베트남 출신이시라고요?

박희선: 맞아요. 베트남 사람이에요. 원래 이름은 '히엔'인데 시어머니께서 한국 이름을 지어 주셨어요.

사회자: 심 선수를 처음 만났을 때부터 금메달리스트가 될 것 같은 느낌을 받으셨어요?

박희선: 아니요. 그냥 얼굴이 착해 보여서 계속 만났어요. 처음 만났을 때는 남편이 장애 때문에 너무 힘들어 했었거든요. 그런데 운동을 시작하면서 많이 밝아졌고 집안 분위기도 훨씬 좋아졌어요. 이렇게 금메달까지 따게 되어서 정말 자랑스러워요. 저희 아이들도 아빠가 최고라고 하면서 얼마나 자랑스러워 하는지 몰라요.

9과

말하기

투 안: 여보세요. 재성아, 웬일이야? 네가 전화를 다 하고.

정재성: 그래, 오랜만이다. 그런데 너 교통사고 당했다면서? 괜찮아?

투 안: 아, 별거 아니야. 다리만 조금 다쳤어. 걱정해 줘서 고마워.

정재성: 친구들이 걱정 많이 했는데 다행이다. 목소리 들으니까 살 만한 것 같네.

투 안: 참, 너 회사 옮겼다면서? 다닐 만해?

정재성: 직장 생활이 다 그렇지, 뭐. 맞다! 나 이번 여름에 베트남에 갈 것 같아.

투 안: 진짜? 무슨 일로?

정재성: 우리 회사가 이번에 베트남 쪽하고 거래를 하는데, 출장으로 가게 될 것 같아.

투 안: 와, 재성이 출세했네. 해외도 다니고. 시간 되면 꼭 만나자!
만나서 회포를 풀어야지.

정재성: 그래. 그때 꼭 볼 수 있었으면 좋겠다. 잘 지내. 또 연락할게.

듣고 말하기

3.

마 이: 저기, 실례지만 혹시 한국중학교 이지영…?

지 영: 네, 맞는데요. 누구세요?

마 이: 지영이 맞구나! 나, 마이야. 너랑 중학교 내내 같은 반이었던 마이.

지 영: 마이? 긴 머리에 늘 조용하던 마이?

마 이: 응, 맞아.

지 영: 어머, 마이야! 이게 얼마 만이야.

마 이: 중학교 졸업하고 못 만났으니까 6년쯤 된 거 같네. 그때랑 지금 나 많이 달라졌지?

지 영: 머리 모양이랑 옷차림이 달라져서 전혀 몰라봤어. 그런데 이렇게 가까이 보니까 예전 그대로네. 그동안 어떻게 지냈어?

마 이: 잘 지냈지. 대학교 졸업하고 나서 바로 베트남계 회사에 취직했어. 너는?

지 영: 난 이곳저곳 여행을 좀 다니다가 얼마 전에 출판사에 취직했어.
주로 여행이나 음식에 관련된 책을 내는 곳이야.

마 이: 그러고 보니, 너 중학교 때부터 세계 여행이 꿈이었지? 그 꿈을 이룬 거네.

지 영: 너, 대단하다. 그걸 기억하고 있었네.
넌 아버지 고향인 베트남에 가서 일하고 싶어 했는데, 계속 한국에 있나 봐.

마 이: 응. 아무래도 부모님이 한국에 계시니까. 그래도 베트남으로 출장갈 일이 꽤 많아서 재미있어.

지 영: 그렇구나. 부모님은 모두 건강하시고?

마 이: 응. 두 분 다 별일 없으셔.

지 영: 예전에 기말시험 끝났을 때인가, 너희 집에 놀러 갔을 때 기억 나?
너희 아버지가 베트남 음식을 해 주셨잖아. 나 그때 베트남 음식에 홀딱 반했었는데.

마 이: 하하. 그래, 맞아. 그때 친구들 모두 얼마나 많이 먹던지, 나중에는 음식이 모자랐잖아.

지 영: 하하, 그랬지. 안 그래도 내가 요즘 만들고 있는 책이 베트남 음식이랑 여행지를 소개하는 책이야. 곧 출판이라서 정신이 없어.

마 이: 그래? 어떤 책일지 궁금하다.

지 영: 책 나오면 바로 연락할게. 근데 이렇게 만나니까 참 좋다.
그동안 여행 다니고, 취직하고…. 바빠서 동창들 만날 시간도 없었네.

마 이: 나도 마찬가지지, 뭐. 그래도 난 항상 너 어떻게 사는지 궁금했어.

지 영: 우리 앞으로 소식 주고받으며 지내자.

마 이: 그래, 그러자.

10과

말하기

투 안: 여보세요. 베한전자 영업팀 투안입니다.

한송희: 안녕하세요? 저는 한국병원 총무팀 한송희입니다.
베한전자 제품에 관심이 있어서 연락 드렸습니다.

투 안: 그러세요? 어떤 게 궁금하세요?

한송희: 저희가 이번에 하노이에 종합 병원을 개원합니다.
그래서 병실과 각 층 휴게실에 텔레비전을 설치하려는데요.
베한 텔레비전이 우수하다는 말을 들었습니다.

투 안: 저희 제품이 좋은 평가를 받았다니 기쁩니다.
직접 뵙고 제품에 대해 설명 드리고 싶은데요. 언제쯤 방문하면 좋을까요?

한송희: 다음 주 수요일 오전이 가능할 것 같은데 어떠세요?

투 안: 네, 좋습니다. 어디로 찾아가면 될까요?

한송이: 자세한 시간과 주소는 메일로 보내 드리겠습니다.

투 안: 그럼 연락 기다리겠습니다. 감사합니다.

듣고 말하기

3.

여　자: 저, 요즘 잘나가는 청소기 추천 좀 해 주시겠어요?

남　자: 이거 한번 보시지요. 저희 회사에서 새로 나온 청소기입니다.
기존의 제품과는 완전히 다릅니다. 선 없이 간편하게 어디든지 청소할 수 있습니다.

여　자: 음, 이건 다른 회사 청소기하고 별로 다른 것 같지 않은데요.

남　자: 겉모습만 보시면 그렇게 생각하실 수 있습니다.
그런데 손님, 무선 청소기를 사용할 때 가장 불편하신 점이 무엇이었습니까?

여　자: 음, 배터리가 금방 떨어져서 다시 충전해야 하는 거요.

남　자: 네, 맞습니다. 수많은 소비자들께서 무선 청소기를 여러 번 충전하면서 청소해야 하는 것이 제일 불편하다고 하셨습니다.
저희 회사는 그 점을 개선하기 위해 삼 년간 기술 개발에 힘썼고요.
그 결과물이 바로 이 제품입니다. 한 번의 충전으로 안방과 작은방, 거실까지 청소할 수 있습니다.

여　자: 음, 배터리가 오래 간다니 괜찮을 것 같긴 한데, 직접 사용해 봐야 알 수 있겠네요.

남　자: 네, 고객님. 구매 후 일주일 내에 다른 제품으로 교환이 가능합니다.
그러니까 사용해 보시고 결정하셔도 됩니다.

여　자: 그렇군요. 여기 있는 다른 제품으로 교환할 수 있다는 거지요?

남　자: 네, 맞습니다. 하지만 틀림없이 만족하실 겁니다. 소비자 오백 분을 대상으로 이 제품에 대한 설문조사를 실시했는데요. 거의 대부분 성능에 상당히 만족한다고 답하셨습니다. 절대 후회하지 않으실 겁니다.

11과

말하기

정세아: 투안 씨, 새로운 거래처가 생겼다고 들었는데요.

투 안: 네. 한국병원에서 먼저 연락이 왔는데 잘하면 큰 거래처가 되겠어요.

정세아: 여기저기 열심히 뛰어다니더니 좋은 일이 생겼네요. 투안 씨, 역시 대단해요.

투 안: 대단하기는요. 아직 확실하게 정해진 것은 없어요. 다음 주 수요일 회의를 하고 나면 결정될 거예요.

정세아: 잘되겠죠. 우리 제품은 성능이 우수하고 가격도 저렴하니까 경쟁력이 있어요. 걱정 마세요.

투 안: 하지만 요즘 금빛전자가 무서운 속도로 우리를 따라잡고 있어서 마음을 놓을 수 없어요.

정세아: 하긴 예전에는 우리 상대도 안 되더니 요즘은 잘 나가더라고요.

투 안: 오늘부터 열심히 준비해야겠어요.

듣고 말하기

3.

심진하: 정아 씨, 요즘 마이 씨 얼굴이 밝아진 것 같아요.

문정아: 그렇지요? 마이 씨가 아침 운동을 시작했대요. 하루도 빠지지 않고 하더니 건강해진 것 같아요.

심진하: 그렇군요. 뭔가 느낌도 달라졌어요. 우리 입사했을 때, 마이 씨 생각나요? 선배들과의 대화는 물론이고, 우리끼리 하는 질문에 답도 잘 못하고 그랬잖아요. 그런데 지금은 목소리도 커지고 발음도 또박또박, 자신감이 넘쳐 보여요.

문정아: 점심시간을 이용해서 한국어 공부를 한다고 들었어요. 도시락을 싸 와서 점심을 먹으면서 한국 드라마를 보고 따라 한대요.

심진하: 와, 회사 업무를 익히는 것만 해도 힘들 텐데…. 마이 씨, 정말 대단하네요.

문정아: 그렇죠? 마이 씨는 하루하루 최선을 다하는 것 같아요. 옆에 있으면 제가 좀 부끄러워져요.

심진하: 에이, 무슨 말이에요! 정아 씨도 항상 열심이잖아요.
정아 씨가 우리 중에서 제일 바쁠걸요.

문정아: 바쁘긴요. 지난 프로젝트가 끝난 후부터는 한가하게 지내고 있어요.

심진하: 그동안 수고했으니까 잠시 쉬는 것도 괜찮아요. 이 시간을 즐기세요.

12과

말하기

한송희: 투안 대리님, 이렇게 와 주셔서 감사합니다. 이분은 이호철 팀장님입니다.

투 안: 안녕하십니까? 베한전자 영업팀 대리 투안입니다.

이호철: 안녕하세요? 보내 주신 자료 잘 확인했습니다.
베한전자 제품이 타제품보다 우수하더라고요.

투 안: 감사합니다. 저희 베한전자는 품질 관리뿐만 아니라 사후 관리까지 책임지고 있습니다. 그래서 사용하시다가 보면 무척 만족하실 겁니다.

이호철: 좋습니다. 그런데 납품 단가를 좀 조정할 수 있을까요?

투 안: 단가는 아시다시피 최대한 낮추어서 제시한 것입니다.

이호철: 그래도 조금이라도 조정해 주시면 저희 쪽에서도 긍정적으로 생각할 수 있겠습니다.

투 안: 잠시만요. 만약 이번에 우리 제품을 천 대 이상 계약하시면 여기 제시한 금액보다 약 3% 정도 낮출 수 있을 것 같습니다.

이호철: 그래 주시면 고맙겠습니다. 그럼 그렇게 알고 좀 더 세부적인 사항은 한송희 대리와 이야기 나누시면 되겠습니다.

투 안: 네, 그렇게 하겠습니다.

듣고 말하기

3.

한송희: 전에 말씀 드린 바와 같이 병실과 각 층 휴게실에 텔레비전을 설치하려고 하는데요. 텔레비전 크기는 어느 정도가 적당할까요?

투　안: 6인실은 일반적으로 소형을 많이 사용합니다. 휴게실의 경우 공간이 넓고 여러 사람들이 사용하기 때문에 아무래도 크기가 큰 것이 좋을 것 같습니다.

한송희: 아, 그렇군요. 6인실은 벽걸이 TV로 설치가 가능하지요?

투　안: 네. 병원의 경우 일반적으로 벽걸이형과 천장형 중에서 선택을 많이 합니다. 이건 병실의 구조에 따라 다른데요. 벽을 중심으로 병상이 구분되어 있다면 벽걸이형이 좋지만 창문을 기준으로 나누어진다면 천장형을 설치하는 것이 좋습니다.

한송희: 그럼 6인실은 천장형이 더 좋겠네요. 2인실이나 1인실은 벽걸이형으로 하고요. 설치 형태에 따라 가격 차이가 있나요?

투　안: 천장형의 경우가 설치하는 데 시간이 좀 더 소요되고 천장 연결봉을 달아야 해서 가격이 약간 높긴 하지만 최대한 맞춰 드리도록 하겠습니다.

한송희: 네, 감사합니다. 그럼 휴게실에 설치할 TV 크기는 어느 정도 하는 것이 좋을까요?

투　안: 휴게실의 크기에 따라 다를 것 같은데요. 혹시 휴게실을 먼저 볼 수 있을까요?

한송희: 네, 물론이지요. 휴게실과 병실도 보여 드릴게요. 직접 보시고 더 좋은 제안이 있으면 해 주시면 감사하겠습니다. 그럼 휴게실부터 가 보실까요?

투　안: 네, 좋습니다. 그렇게 하시죠.

13과

말하기

하민규: 지금부터 TF팀 첫 회의를 시작하겠습니다. 아시다시피 우리는 노트북 신제품 개발을 위해 이 자리에 모였습니다. 각자 맡은 바 최선을 다해 주시기 바랍니다.

최윤지: 팀장님, 이번 신제품은 성능을 향상시켜야 한다고 들었습니다. 경쟁 업체들도 성능을 높이고 있다고 하더라고요.

하민규: 아닌 게 아니라 성능 향상이야말로 가장 신경 써야 할 부분입니다.

프 엉: 그런데 요즘은 가벼운 노트북이 유행하고 있습니다. 저는 무게를 줄이는 것도 중요하다고 생각합니다.

박기태: 기존 노트북보다 더 가볍게 하고 성능을 높이려면 판매 가격을 올릴 수밖에 없습니다. 그러면 매출이 감소하지 않을까요?

투 안: 제 생각은 좀 다릅니다. 제품이 좋으면 비싸도 잘 팔리는 거 아닙니까? 우리 제품이 최고의 성능을 보여 주면 틀림없이 매출도 증가할 겁니다.

하민규: 요즘 경쟁사들의 제품을 조사해 볼 필요가 있겠네요. 투안 대리와 최 대리는 이번 주에 성능, 무게, 가격 등을 중심으로 여러 노트북을 비교해 보도록 하세요.

프 엉: 그럼, 기태 씨와 저는 우리 기존 제품의 문제점과 개선 방안을 찾아보겠습니다.

듣고 말하기

3.

노우성: 다들 모였나요? 회의를 시작하기에 앞서, 알려 드릴 사항이 있어요. 우리 팀 투안 대리가 신제품 개발을 위한 TF팀 구성원이 되었습니다.

정세아: 와! 이번 TF팀에 회사에서도 많은 기대를 걸고 있다고 들었는데, 드디어 투안 대리가 능력을 인정받았네요. 축하해요.

투 안: 아이구, 과찬이세요. 많이 도와주세요.

노우성: 물론 기존 업무 외에 할 일이 추가되었으니 힘들기는 하겠지만 투안 대리의 역량을 발휘할 수 있는 좋은 기회가 되었으니 축하할 일이지요.

자, 그럼 이제 회의를 시작할까요? 오늘 회의 안건을 정 대리가 좀 정리해 주세요.

정세아: 오늘 회의 주제는 두 가지인데요. 첫째는 업무 재분배, 둘째는 최근 계약한 거래처 납품 건입니다.

노우성: 투안 대리가 TF팀에 합류하면서 업무량이 늘어났으니 조정이 필요하겠네요. 투안 대리의 업무 중에 매장 관리가 시간이 많이 걸리던 일이었는데 누가 맡으면 좋을까요?

투 안: 저는 유미 씨를 추천합니다. 꼼꼼해서 잘할 것 같아요.

노우성: 유미 씨한테도 배울 수 있는 좋은 기회가 될 것 같은데 어때요?

유 미: 네, 저도 좋습니다.

노우성: 그럼 유미 씨가 하던 홈페이지 관리는 현주 씨와 함께 나눠서 하도록 하지요.

직원들: 네, 알겠습니다.

노우성: 그럼 두 번째 안건으로 넘어갑시다.

14과

말하기

최윤지: 시장에 나가 보니 경쟁사 제품 말고도 눈길을 끄는 노트북들이 많던데요. 노트북 화면이 분리되는 제품도 있었고, 게임을 위한 특별한 기능이 있는 노트북도 있었어요.

투 안: 그래요? 제가 다녀온 곳은 백화점 내 매장이라서 다양한 제품보다는 주요 브랜드 노트북을 위주로 팔고 있었어요.

최윤지: 눈에 띄는 제품이 있던가요?

투 안: 한국전자 제품이 제일 잘 나가더라고요. 그 한국전자 노트북이 꽤 좋은가 봐요.

최윤지: 그래요? 그 회사 노트북은 대부분 비싸던데요.

투 안: 네. 그런데 백화점 매장 직원한테 물어보니까 성능이 뛰어나고 속도가 빠르면 잘 팔린다고 하더라고요.

최윤지: 백화점 고객들은 눈이 높고 구매력도 있어서 가격보다 성능을 중요하게 생각하는 것 같아요. 제가 다녀온 전자 상가에서는 중저가 제품을 더 선호하던데요.

투　안: 그렇군요. 시장에서 좋은 성과를 내려면 주요 타깃을 정하고 고객의 필요에 맞춰서 개발해야겠어요.

듣고 말하기

3.

프　엉: 기태 씨, 소비자 불만 접수 대장을 정리해 봤는데 같이 볼래요?

기　태: 네. 어떤 불만이 있던가요?

프　엉: 음…. 이 고객은 노트북 위에 책이 든 가방을 올려놓았는데 노트북 화면이 깨졌다고 불만을 제기했어요.

기　태: 뭐라고요? 노트북 위에 무거운 물건을 올리면 안 되지요. 그 고객은 자기가 잘못해 놓고 왜 회사에 불만을 제기하는 거죠? 정말 이상하네요.

프　엉: 고객의 불만을 그렇게 생각해 버리면 우리 제품을 개선할 수 없어요.

기　태: 그래도 너무하잖아요. 고객의 불만을 다 받아주기만 하면 회사는 어떻게 해요?

프　엉: 기태 씨, 고구마 세탁기 이야기 몰라요?

기　태: 고구마 세탁기요? 그게 뭐예요?

프　엉: 고객들이 고구마를 세탁기에 넣었는데 세탁기가 고장 나서 회사에 불만을 제기했대요.

기　태: 세탁기에 고구마를 넣으면 당연히 고장 나겠죠.
그 불만을 회사에서 받아 줬어요?

프　엉: 네. 그 불만을 듣고 회사에서는 농부들을 위해서 고구마 세탁기를 만들었다고 해요.

기　태: 우와! 대단하네요.

프　엉: 그래서 그 제품은 불티나게 팔렸고, 고객들은 그 회사를 믿고 좋아하게 되었다고 해요.

기　태: 그러니까 고객의 불만을 그냥 넘기지 말고 제품 개선을 위해서 잘 들어야 한다는 말이군요.

프　엉: 맞아요. 그럼 이제 다른 고객의 불만도 읽어 볼까요?

15과

말하기

하민규: 다 모였으니 회의를 시작할까요? 여러분이 조사한 제품 분석 결과에 대해 말씀해 주세요.

프 엉: 제가 먼저 말씀드리겠습니다. 저희가 알아본 바에 따르면, 우리 제품은 성능이 좋은데도 소비자의 외면을 받고 있습니다. 아마 가격에 그 원인이 있는 것 같습니다.

기 태: 중저가 제품을 찾는 소비자들에게 우리 제품의 높은 가격이 부담스럽다는 의견이 있었습니다. 높은 가격으로 인하여 경쟁력이 떨어진 것으로 보입니다.

프 엉: 그뿐만 아니라 우리 노트북은 타제품에 비해 무거운 편입니다. 무게를 줄이지 않으면 가벼운 것을 선호하는 젊은 세대의 관심을 끌기는 어려울 것으로 보입니다.

하민규: 그밖에 다른 원인도 있습니까?

프 엉: 또 한 가지 원인은 기능에 있는 것 같습니다. 요즘은 다양한 기능의 노트북이 많이 나오고 있습니다. 하지만 우리 제품은 기본에 충실한 노트북이지만 특징이 없어서 소비자에게 어필하지 못하는 것으로 분석됩니다.

하민규: 고객들의 관심을 끌려면 새로운 기능이 필요하다는 말이네요.

프 엉: 네. 최신 트렌드를 반영한 우리 회사만의 독보적인 기능이 필요하다고 생각합니다.

듣고 말하기

3.

프 엉: 베한전자에서 로봇 청소기에 대한 여러분의 의견을 듣고 있습니다. 5분만 시간을 내서 조사에 참여해 주세요. 참여해 주신 분들께는 기념품을 드리고 있습니다.

기 태: 안녕하세요? 베한전자에서 설문조사를 진행하고 있습니다. 잠시 시간 좀 내 주실 수 있으십니까?

여 자: 네, 괜찮아요.

기 태: 감사합니다. 몇 가지만 여쭙겠습니다. 혹시 지금 로봇 청소기를 사용하고 계십니까?

여 자: 아니요. 지금은 일반 청소기만 쓰고 있어요.

기 태: 혹시 향후에 로봇 청소기를 구매할 의사가 있으십니까?

여 자: 로봇 청소기 좋죠. 청소기 돌릴 시간에 다른 집안일을 할 수도 있고, 외출도 할 수 있고요. 사고 싶기는 한데 가격이 너무 비싸서 엄두가 안 나요.

기 태: 아, 그러십니까? 지금 저희 회사에서 중저가 로봇 청소기를 출시하려고 하는데요. 얼마 정도면 적극적으로 구매를 고려하시겠습니까?

여 자: 음…. 지금 가격의 반이나 3분의 2 정도면 한번 생각해 볼 것 같아요.

기 태: 네. 귀한 시간 내 주셔서 감사합니다. 여기 기념품으로 USB 메모리를 준비했습니다. 저희 회사 로봇 청소기가 출시되면 꼭 한번 관심 가지고 살펴봐 주시기 바랍니다.

16과

말하기

하민규: 지금까지 여러분이 발로 뛰면서 조사한 덕분에 우리 회사 노트북에 대한 장단점이 잘 분석된 것 같습니다. 오늘은 소비자 요구 분석 결과를 볼 차례지요? 두 조사 결과를 함께 보고 나서 신제품 개발 방향을 잡도록 하지요.

투 안: 네, 향후 육 개월 내 노트북 구매 의사가 있는 잠재 소비자 천 명을 대상으로 설문조사를 실시했습니다. 그 결과를 분석해 봤더니 잠재 소비자들이 노트북 구입 시 무게를 가장 중요하게 생각하는 것으로 나타났습니다. 이번 신제품도 무게를 혁신적으로 줄이는 것에 초점을 맞춰야 한다고 생각합니다.

프 엉: 일리 있는 말씀입니다. 그러나 요즘 경쟁사들도 무게에 초점을 둔 제품들을 잇따라 출시하고 있습니다. 무게에 초점을 두면 트렌드를 따라갈 수 있는 반면에 우리 제품의 특별한 장점이 잘 드러나지 않을 것 같습니다.

최윤지: 무게를 줄여야 한다는 데에는 동의합니다. 우리 제품 구입을 고려하는 소비자들에게 무엇 때문에 구매를 망설이냐고 물었더니 무게 때문이라는 응답이 가장 많았습니다. 반면에 우리 제품 구입 의사가 없는 소비자들은 차별화된 기능이 없기 때문이라고 응답했습니다. 즉, 무게를 줄이는 것은 기본이고 다른 제품과 차별화될 수 있는 다른 기능 개발이 더 중요하다고 생각합니다.

듣고 말하기

3.

사 회 자: 청취자 여러분, 안녕하세요? 요즘 우리나라 외식 시장에 베트남 음식 열풍이 불고 있는데요. 베트남 음식 전문가 마이 교수님을 모시고 이야기 나눠보겠습니다. 교수님, 안녕하세요?

마이교수: 안녕하세요? 초대해 주셔서 감사합니다.

사 회 자: 네, 교수님. 요즘 한국에 베트남 음식 시장이 빠르게 커지고 있어요. 'V푸드 열풍'이라는 말까지 생겼는데요. 이유가 뭐라고 생각하십니까?

마이교수: 가장 큰 이유는 한국 사람들이 베트남 음식에 친밀감을 느끼기 때문이라고 생각합니다. 베트남을 방문한 한국인이 지난 한 해 동안만 170만 명이에요. 그만큼 친밀한 음식이 되었기 때문에 시장도 커지고 있다고 봅니다.

사 회 자: 맞습니다. 과거에는 베트남 음식 하면 쌀국수와 월남쌈만 생각했는데, 요즘에는 분짜, 반미, 반쎄오, 넴 등도 많이 팔리고 있습니다.

마이교수: 베트남 식당만 인기가 있는 것이 아니라 대형마트에서도 베트남 쌀국수 매출이 크게 올랐다고 해요. 지난해에 비해서도 30%가 증가했다는 기사를 읽었어요.

사 회 자: 그렇군요. 베트남 음식의 인기가 앞으로도 계속될 것이라고 보십니까?

마이교수: 베트남 음식이 다른 동남아 국가의 음식보다 더 한국 사람들의 입맛에 잘 맞는 것 같아요. 조리법도 비슷한 점이 많고요. 그래서 저는 앞으로도 베트남 음식이 한국에서 많은 사랑을 받을 거라고 생각하고 있습니다.

17과

말하기

하민규: 자, 이제는 신제품 개발 방향을 결정해야 합니다. 오늘 회의에서는 지금까지 논의했던 내용을 모두 종합하여 개발안을 확정하겠습니다. 최윤지 대리가 지금까지 논의된 사항을 정리해 주시지요.

최윤지: 네. 현지 시장 조사와 소비자 의견, 잠재 소비자 요구 분석을 종합해 보면 우리 신제품은 가벼운 무게를 기본으로 하고, 다른 노트북과 차별화되는 기능을 추가해야 합니다. 이미 연구개발팀에서 시장의 흐름대로 무게를 줄일 수 있는 기술을 개발하고 있습니다. 문제는 새로운 기능입니다.

투 안: 맞습니다. 현재까지 논의된 것은 게임 특화, 스크린 360도 회전, 필기 기능입니다.

프 엉: 게임 특화 노트북은 이미 시장에 나와 있고 수요도 많지 않기 때문에 다른 두 기능을 중점적으로 논의하면 좋겠습니다.

하민규: 아까 연구개발팀장과 이야기했는데 스크린 회전 모니터는 무게를 줄이기가 어렵다고 합니다. 필기 기능은 지금까지 시장에 없었으니까 그 기능을 추가하는

방향으로 가는 게 어떻겠습니까?

기　태: 좋습니다! 가벼운 데다가 필기 기능까지 있다면 정말 멋진 신제품이 나올 것 같은데요?

하민규: 네, 저도 기대가 됩니다. 그럼 이 개발안대로 상부에 보고하겠습니다. 신제품이 출시될 때까지 긴장의 끈을 놓지 말고 다음 단계도 잘해 봅시다.

듣고 말하기

3.

최윤지: 지금까지의 회의 내용을 종합해 보면, 최근 늘어난 주문량에 따른 해결 방안으로는 크게 두 가지 대책으로 정리할 수 있습니다.
먼저, 근무 시간을 변경하자는 의견이 있었지요. 지금은 생산팀이 오전과 오후로 나누어 근무를 하고 있는데, 야간 작업을 추가하여 제품 생산량을 늘리자는 의견입니다.
또 다른 의견은 근무 시간 추가 없이 생산 설비를 추가로 설치하고 직원을 더 채용하자는 의견입니다.

팀　장: 네. 최 대리가 잘 정리해 줬네요.
첫 번째 안을 선택할 경우에 야근을 할 만한 직원들이 충분한가요?

최윤지: 네. 야근을 희망하는 직원들이 있어서 첫 번째 안도 가능한데, 현재 기계들이 노후해서 너무 오랜 시간 쉬지 않고 기계를 가동할 경우 문제가 생길 수 있다는 단점이 있습니다.

팀　장: 장기적으로 보면 생산 설비를 교체하거나 추가하는 것이 바람직한 방향이라고 생각하는데 다른 분들의 의견은 어떠신가요?

투　안: 물론 그렇게 된다면 가장 좋습니다만, 설비 구입을 위한 비용이 꽤 많이 듭니다. 또한 직원 채용까지 시간이 걸린다는 문제도 있고요.

최윤지: 네, 맞습니다. 설비가 보충된다고 해도, 지금 급한 주문량에 대처하기 위해서는 야근이 불가피하다고 생각됩니다.

팀　장: 잘 알겠습니다. 노후된 설비에 대해서는 구매팀에 교체를 요청하고 새로운 직원을 채용할 수 있도록 상부에 보고하겠습니다.
최윤지 대리는 야근이나 주말 근무에 대한 계획을 구성해 주세요.
투안 대리는 직원 채용 및 설비 구입에 따른 비용과 시간을 정리해서 보고해 주세요. 그럼 이상으로 회의를 마치겠습니다. 수고하셨습니다.

18과

말하기

하민규: 어제 신제품 개발 방향에 대한 임원 회의가 있었습니다. 임원 대부분이 우리가 보고한 개발 방향에 대해 공감했고, 이 방안 그대로 추진하기로 했습니다.

투 안: 정말 뿌듯하네요. 그리고 앞으로 더 잘 준비해야겠다는 생각이 듭니다.

하민규: 모두 수고 많았습니다. 이제는 신제품 홍보와 출시 이벤트에 집중해야겠습니다.

최윤지: 제품이 출시되기 전에 효과적으로 우리 제품을 홍보할 수 있는 방법이 없을까요? 소비자들의 관심을 끌면서도 자연스러운 방법이 있으면 좋을 텐데요.

프 엉: 블라인드 마케팅을 활용해서 제품 이름을 공모해 보는 건 어떨까요?

투 안: 아, 어떤 회사 제품인지 말해 주지 않고 제품 특징만 알린 다음에, 이름에 대한 아이디어를 받자는 말이지요?

프 엉: 맞아요. 좋은 의견을 내는 사람들에게는 저희 신제품도 선물하고요.

투 안: 신제품 이름을 공모하면서 자연스럽게 제품의 특징을 알리고 관심을 유도하는 방법, 아주 좋은 것 같습니다.

박기태: 저도 신제품을 선물 받고 싶은데요.

투 안: 그럼 기태 씨도 제품명 공모에 참가해 보지 그래요?

프 엉: 그래요. 한번 해 보세요.

듣고 말하기

3.

쇼호스트: 안녕하세요! VH홈쇼핑 쇼호스트 이미나입니다.

대　　표: 안녕하세요! 저는 베한 화장품 대표 김대규입니다.

쇼호스트: 피부가 거칠어지고 어두워서 걱정인 분들이 많으시죠?
그런 여러분께 아주 좋은 화장품 하나 소개해 드리려고 나왔습니다.
대표님, 어떤 화장품이죠?

대　　표: 저희 회사에서 가장 인기가 좋은 홍삼 화장품입니다.
이 화장품을 만든 지 15년이 됐는데 지금까지도 이 제품은 최고의 화장품이라고 할 수 있지요.

쇼호스트: 여러분 홍삼이 건강에 좋은 건 다 아시죠?
홍삼을 먹기만 하지 말고 피부에 바른다면 피부가 얼마나 젊어지겠어요?

대　　표: 맞습니다. 실제로 저희 제품을 사용하신 분들이 한 달 후에 피부가 환해지고 부드러워지는 효과를 경험했습니다. 여기 사진을 보시면 화장품을 사용하기 전과 후가 굉장히 다른 것을 확인하실 수 있습니다.

쇼호스트: 와, 한 달만에 이렇게 좋아진다니 놀랍네요.
대표님, 이 제품을 그동안 백화점 매장에서만 판매하셨다면서요?

대　　표: 네, 오늘 여러분께 보여 드리는 이 화장품은 지금까지 한 번도 홈쇼핑에서 판매된 적이 없는 제품입니다. 백화점에서 팔리던 고가의 화장품을 오늘 많은 분들에게 사용할 수 있는 기회를 드리려고 합니다.

쇼호스트: 맞습니다. 오늘은 홍삼 화장품이 백화점보다 훨씬 저렴한 가격으로 여러분을 찾아왔습니다. 이 좋은 기회를 놓치지 마시고 화면에 나오는 번호로 지금 바로 전화 주세요!

19과

말하기

정세아: 투안 대리, 다음 달 전략 기획서를 파일로 보내 주세요.

투 안: 아! 그게…. 깜빡했어요. 제가 다른 업무를 처리하느라 미처 못 했습니다. 내일까지 정리해서 보낼게요.

정세아: 네? 오늘까지 주기로 했잖아요. 이렇게 계속 일이 밀리면 업무 진행이 안 되죠.

투 안: 죄송해요. 제가 요즘 신제품 제안서를 쓰느라고 정신이 없어서요.

정세아: 투안 대리가 신제품 TF팀에서 중요한 역할을 맡고 있는 것은 잘 알고 있어요. 하지만 이런 일은 미리 말해 주면 좋잖아요.

투 안: 정 대리님, 정말 죄송해요. 제 생각이 짧았습니다. 먼저 양해를 구했어야 했는데…. 업무에 차질을 빚어서 죄송합니다.

정세아: 그렇게까지 말씀하시면…. 어차피 곧 퇴근 시간이니까 내일까지 기다릴 수밖에 없겠네요.

투 안: 네, 내일 오전까지는 꼭 해서 드릴게요. 이해해 주셔서 고맙습니다.

듣고 말하기

3.

노우성: 정 대리, 오늘 오전까지 내라고 한 보고서는 어떻게 됐나요?

정세아: 저, 거의 다 되긴 했는데 판매량 정리 작업이 아직 덜 끝나서…. 내일 아침까지 제출하면 안 될까요?

노우성: 날짜를 꼭 지켜 달라고 여러 번 부탁까지 했는데, 일을 이렇게 처리하면 어떡해요?

정세아: 영업부 직원이 지난 며칠 동안 출장 중이라서 협조를 받을 수 없었습니다. 죄송합니다.

노우성: 그럼 미리 말했어야죠. 그걸 지금 말하면 어떻게 합니까?

정세아: 어제까지 마무리할 수 있을 거라고 예상했는데, 생각보다 시간이 많이 걸려서요. 정말 죄송합니다.

노우성: 오늘 퇴근 전까지 해서 보고하세요. 내일 주면 너무 늦습니다.

정세아: 네, 알겠습니다. 서둘러 작업하겠습니다.

20과

말하기

투 안: 오늘 이렇게 신제품 발표회에 참석해 주신 임직원 여러분께 진심으로 감사의 말씀을 드립니다. 지금부터 TF팀 하민규 팀장님이 나오셔서 신제품에 대해 발표해 주시겠습니다.

하민규: 우리 베한전자는 그동안 노트북 시장에서 변화와 혁신을 주도해 왔습니다. 이번 신제품은 지금의 변화를 넘어 새로운 도약을 이루어 내는 발판이 될 것입니다. 자, 그럼 여러분들께 벅찬 마음으로 신제품 '베한노트 N'을 소개합니다. '베한노트 N'은 첨단 기술을 적용하여 제품의 무게를 획기적으로 줄였습니다. 놀라울 정도로 가벼운 무게에, 사용하는 사람들은 노트북이 아니라고 생각할지도 모릅니다. 또한, 소비자들은 이렇게 작고 가벼우면서도 전보다 더욱 빨라진 속도와 향상된 성능에 반하게 될 것입니다. 특히, 이번 '베한노트 N'에는 일부 스마트폰에만 있는 펜 기능을 적용하였습니다. 새로운 기능을 추가한 우리 제품은 시장에서 틀림없이 우위를 점할 것입니다. 소비자들이 실제로 사용하면 사용할수록 분명 우리 제품의 매력에 빠지게 될 것입니다.

듣고 말하기

3.

투 안: 지금까지 신제품 발표를 경청해 주신 여러분들께 감사드립니다. 이어서 질의응답 시간인데요. 자유롭게 질문해 주시기 바랍니다. 답변은 하민규 팀장님께서 해 주시겠습니다.

직 원1: 신제품의 이름을 '베한노트 N'이라 하셨는데 특별한 의미가 있습니까?

하민규: 네. '베한노트 N'은 기존의 기술을 뛰어 넘은 새로움의 의미를 담고 있습니다. 이와 더불어 이번 제품의 특징인 매우 가볍다는 의미 또한 함께 담고 있습니다.

직 원2: 전보다 성능이 향상되었다고 하셨는데요. 구체적으로 어떤 부분이 달라진 것인가요?

하민규: 기존 제품은 노트북에서 여러 프로그램을 동시에 구동할 때 속도가 떨어지고 노트북의 온도가 상승하는 경우가 있었는데요. 신제품 '베한노트 N'은 그러한

부분을 획기적으로 개선하였습니다. 속도 저하 없이 여러 개의 프로그램을 동시에 사용할 수 있습니다. 또한 제품이 뜨거워지는 기존 제품의 문제점도 해결하였습니다.

직 원3: 이번 신제품에 펜 기능을 적용했다고 하셨는데 이 기능이 과연 경쟁력이 있을까요?

하민규: 네. 펜 기능의 추가가 시장의 호응을 이끌어 낼 것이라는 연구 결과가 있었습니다. 우리 신제품이 분명 노트북 시장을 선도할 것이라 자신합니다.

투 안: 그럼, 이상으로 질의응답 시간을 마치도록 하겠습니다. 오늘 신제품 발표회에 참석해 주신 임직원 여러분들께 다시 한번 감사의 말씀을 드립니다. 감사합니다.

21과

말하기

정세아: 투안 대리, 고생 많았죠? 고생 끝에 낙이 온다더니 드디어 신제품이 나오네요.

투 안: 네, 이렇게 신제품이 나오는 걸 보니 그동안 힘들었던 게 눈 녹듯이 사라지는 것 같아요.

정세아: 그동안 까칠하게 굴어서 미안해요. 고생이 많았을 텐데…. 내가 말을 심하게 한 적이 많았죠? 조금 더 투안 대리 입장에서 생각해 볼 걸 그랬네요.

투 안: 아니에요. 저도 제 생각만 하느라 영업팀에 신경을 못 썼어요. 세아 대리님이 해 주신 말을 듣고 저를 다시 돌아보게 되는 계기가 됐어요.

정세아: 그렇게 생각해 주니 고마워요. 맡은 일도 잘 해내고 마음까지 넓고 투안 대리는 정말 좋은 사람이에요.

투 안: 비행기 태우지 마세요. 우리 회사에서 일 잘하기로는 정 대리님이 둘째 가라면 서러울 정도잖아요. 영업팀에서 정 대리님께 얼마나 많이 배웠는데요.

정세아: 고마워요. 우리 그동안 서로 마음 상하는 일이 있었다면 훌훌 털어 버리고 앞으로도 잘 지내 봐요.

투 안: 네, 정 대리님. 앞으로도 잘 부탁드립니다.

듣고 말하기

3.

정세아: 오늘은 화해의 기념으로 제가 사는 거니까 투안 대리가 먹고 싶은 거 마음껏 시키세요.

투 안: 네? 아니에요. 그동안 저 때문에 정 대리님이 고생 많이 하셨는데 당연히 제가 사 드려야죠.

정세아: 투안 대리도 참! 내가 회사 선배니까 사는 걸로 해요.

투 안: 네, 알겠습니다. 선배님, 그럼 다음에는 저한테도 기회를 꼭 주셔야 합니다.

정세아: 알겠어요. 어쨌든 이렇게 투안 대리와 다 푼 것 같아서 마음이 좋네요. 투안 씨도 그렇죠?

투 안: 네. 사실 그동안 정 대리님과 괜히 사이가 서먹서먹해진 것 같아서 마음이 불편했어요. 그런데 정 대리님이 이렇게 먼저 손을 내밀어 주셔서 얼마나 감사한지 몰라요.

정세아: 영업팀 일에 신제품 개발 TF팀 일까지 하느라 투안 씨가 정말 고생이 많았죠. 내가 조금만 마음이 넓었어도 서로 어색해지는 일은 없었을 거예요.

투 안: 아니에요. 이번 일을 겪으면서 맡은 일에 최선을 다하는 것이 얼마나 중요한지 알게 됐어요. 그리고 정 대리님하고도 이렇게 화해를 하고 나니 뭔가 더 끈끈해진 것 같고요.

정세아: 그렇게 생각해 주니까 고맙네요. 비 온 뒤에 땅이 굳어진다고 이번 일을 통해서 우리 사이의 믿음도 더 두터워질 것이라고 생각해요. 우리 앞으로도 잘해 봐요.

투 안: 네, 베트남 속담에는 '조화를 이룬 친구들이 힘을 합치면 바다라도 비울 수 있다'라는 말이 있는데요. 앞으로 정 대리님과 함께 어떤 어려움도 이겨 낼 수 있을 것 같아요.

22과

말하기

기　자: 시청자 여러분, 안녕하십니까? KVTV 주민정입니다. 요즘 베트남에서 베한전자 노트북을 모르는 사람이 없을 정도라고 하는데요. 베한전자 영업팀의 투안 대리를 모시고 그 이유를 들어보겠습니다. 투안 대리님, 안녕하세요? 개발하신 제품이 큰 사랑을 받아서 좋으시겠어요.

투　안: 네. 시장의 반응이 좋아서 저희도 신나게 일하고 있습니다.

기　자: 이렇게 크게 주목을 받는 이유가 무엇일까요?

투　안: 기존 제품과 달리 가벼우면서도 성능이 뛰어나기 때문이라고 생각합니다. 예전에는 성능이 좋을수록 무거웠거든요. 그런데 새 제품은 중량을 기존의 반 정도로 줄였습니다.

기　자: 저도 사용해 봤는데 한 손으로 들어도 무리가 없을 정도였습니다. 그런데 무게 말고도 크게 환영 받는 이유가 더 있을 것 같은데요.

투　안: 스마트폰과 유사하다는 점 때문입니다. 베트남 사람들은 컴퓨터보다 모바일에 더 익숙하거든요. '베한노트 N'은 스마트폰처럼 필기가 가능하고, 스마트폰으로 노트북에 접속해서 파일을 관리할 수도 있습니다.

기　자: 그렇군요. 결국 소비자의 필요를 정확히 파악하여 제품 개발에 반영한 것이 성공 요인이라고 할 수 있겠네요.

투　안: 네. 한국의 기술력과 베트남 시장의 요구가 결합하여 좋은 결과를 이끌어 낼 수 있었던 것으로 보입니다.

듣고 말하기

3.

안지민: 이제는 베트남에서 모르는 사람이 없을 정도로 유명해지신 분이지요. 축구를 통해 베트남 국민들에게 감동의 드라마를 선물해 준 박항수 감독님을 투안 대리님이 직접 인터뷰를 하고 왔다고 합니다. 투안 대리님, 인터뷰는 어떠셨어요?

투 안: 직접 만나 보니 생각과 달리 이웃 아저씨처럼 친근하고 잘 웃어 주셔서 편하게 인터뷰할 수 있었습니다.

안지민: 그렇군요. 베트남 축구팀을 강팀으로 만들 수 있었던 비결이 뭐라고 하시던가요?

투 안: 감독님이 가장 먼저 선수들에게 주문한 것은 바로 열등의식을 없애라는 것이었다고 합니다. 즉, 나도 할 수 있다는 생각을 선수들에게 심어 준 것이 강팀이 되는 원동력이 되었다고 합니다.

안지민: 그렇군요. 그리고 얼마 전 다른 매체와 인터뷰에서 '하나의 팀'을 중요하게 생각한다고 하시던데요.

투 안: 맞습니다. 감독님은 같은 목표를 가지고 함께 움직이는 것이 진정한 팀이라 하셨습니다. 또 그 팀을 이루는 선수들을 절대적으로 믿는다고 하셨고요. 그리고 선수들이 저마다 가진 역량을 최대한 발휘할 수 있도록 하는 것이 감독님의 역할이라고 하셨습니다.

안지민: 그렇군요. 감독님과 인터뷰를 하면서 느낀 점이 있으면 말씀해 주시지요.

투 안: 회사도 하나의 팀이라고 할 수 있을 것입니다. 회사를 구성하는 직원들이 할 수 있다는 자신감을 가지고 능력을 펼칠 수 있도록 믿음을 주는 것, 회사가 하나의 목표를 가지고 함께 나아갈 수 있도록 이끌어 주는 것이 바로 이 시대의 리더의 모습이라 생각합니다. 이러한 점에서 이 시대를 살아가는 우리들이 박항수 감독님의 리더십을 본받을 필요가 있다고 생각합니다.

23과

말하기

투 안: 베한전자 임직원 여러분, 안녕하십니까? 오늘 행사의 사회를 맡은 투안입니다. 지금부터 베한전자 송년회를 시작하겠습니다. 먼저 대표이사님의 송년사가 있겠습니다. 모두들 박수로 환영해 주시기 바랍니다.

베한전자 대표: 베한전자 가족 여러분, 안녕하십니까? 어느덧 올 한 해도 저물어 가고 있습니다. 지난 한 해 동안 수고한 자기 자신과 동료에게 따뜻한 박수를 보내 주시면 좋겠습니다. 오늘 저는 여러분께 좋은 소식을 전할 수 있어 무척 기쁩니다. 우리가 개발한 신제품이 시장에서 폭발적인 반응을 이끌어 내고 있습니다. 그 결과, 회사 매출이 전년 대비 이십 퍼센트나 상승했습니다. 이는 베한전자 설립 이후 최고 수준의 성장입니다. 또한 신제품을 위해 제작한 광고가 '올해의 광고상'을 수상하였습니다. 즉, 우리 베한전자는 이번 신제품 개발을 통해 매출 증대와 인지도 상승이라는 두 마리 토끼를 한꺼번에 잡은 것입니다. 이 모든 것은 그동안 땀 흘려 온 임직원 여러분 덕분입니다. 여러분의 수고에 감사하는 마음을 표현하고자 오늘 이 자리를 마련했습니다. 맛있는 음식도 드시고, 동료들과 못다 한 이야기도 나누시면서 한 해를 즐겁게 마무리하셨으면 합니다. 그동안 우리는 어려움 속에서도 서로를 믿으면서 함께해 왔습니다. 앞으로도 베한전자는 지금까지 해 온 것처럼 끊임없이 발전해 갈 것입니다. 오늘은 우리 모두의 날입니다. 마음껏 즐기시기를 바랍니다.

듣고 말하기

3.

사 회 자: 안녕하십니까? 오늘 신년회에 참석해 주신 여러분을 진심으로 환영합니다. 오늘 신년회에 이준규 회장님께서 인사 말씀을 해 주시기 위해 오셨습니다. 회장님 나오실 때 큰 박수를 부탁드립니다.

대표이사: 이 자리에 모이신 우리 임직원 여러분, 그리고 내외 귀빈 여러분, 새해를 맞아 여러분과 신년 인사를 나누게 된 것을 매우 기쁘게 생각합니다.

우리 회사는 지난 일 년 동안 국내외의 많은 어려움 속에서도 사상 최대 규모의 수출량을 기록했습니다. 그뿐만 아니라 주가도 한 해 동안 10% 상승하는 등 기업의 가치가 크게 개선되었습니다. 경기 침체로 성장세가 주춤한 경쟁 업체들과 비교하면 놀라운 결과라고 할 수 있습니다. 이와 같은 결실을 맺은 것은 모두 노력을 아끼지 않은 우리 임직원들의 수고 덕분이라고 생각합니다.

올해는 그 어느 때보다 우리 회사에 의미가 있는 한 해라고 할 수 있습니다. 바로 우리 회사가 창립한 지 십 년이 되는 해이기 때문입니다. 아시다시피 우리 회사는 창립 10주년을 맞이하여 신제품을 출시할 예정입니다. 이번 신제품이 우리 회사가 한 단계 더 성장할 수 있는 기회가 될 거라 믿어 의심치 않습니다.

새로운 한 해에는 한결같은 책임감과 성실함으로 큰 결실을 키워 가는 직원 여러분이 되기를 진심으로 기원합니다.

24과

말하기

투　안: 음악에 맞춰서 신나게 춤을 추고 나니 스트레스가 풀리네요.

이유미: 그러고 보니 대리님, 동호회 활동은 오랜만이죠?

투　안: 네. 몇 달 동안 제품 출시에만 집중하느라고 일만 했는데 이제 한숨 돌릴 수 있게 됐어요.

이유미: 정말 수고 많으셨어요. 그런데 대리님, 저기 기태 씨하고 트랑 씨 좀 보세요.
뭔가 달라진 것 같지 않아요?

투　안: 기태 씨하고 트랑 씨요? 음, 춤 실력이 좋아진 것 같은데요.

이유미: 그거 말고요. 요즘 두 사람이 함께 다니는 걸 자주 보거든요.
밥도 같이 먹고 퇴근도 같이 하고요. 아무래도 둘이 사귀는 모양이에요.

투　안: 에이, 둘은 원래 친했잖아요. 같은 팀이니까 단짝 같은 거죠, 뭐.

이유미: 처음엔 저도 그렇게 생각했어요. 그런데 사람들이 둘이 사귀는 것 같대서 유심히 살펴봤더니 정말 달라졌더라고요. 웃음이 많지 않은 트랑 씨가 요즘 들어 부쩍 잘 웃고, 또 기태 씨는 항상 트랑 씨를 사랑스럽게 바라보고….
저것 좀 보세요. 지금도 그러잖아요. 소문이 사실이라니까요.

투　안: 음, 그런가요? 나는 잘 모르겠는데….

듣고 말하기

3.

진　하: 마이야, 너 배지호랑 정수지 알지?

마　이: 응. '미스터 쉐도우'에 나오는 배우 말이지? 당연히 알지.
내가 그 드라마를 얼마나 좋아하는데.

진　하: 요즘 그 둘이 사귄다고 소문이 자자해.

마　이: 말도 안 돼. 어제 연예 뉴스를 봤는데 둘 다 그냥 친하게 지내는 오빠 동생이라고 하던데.

진　하: 에이, 그 말을 믿어? 지금까지 열애 기사가 났던 스타들을 생각해 봐.
처음엔 다들 "같이 일하다가 보니까 친해졌다", "그냥 친구처럼 지낸다"라고 하잖아.

마　이: 하긴 계속 아니라고 하다가 갑자기 결혼 소식을 발표한 커플도 꽤 있었지….

진　하: 그렇다니까. 아니 땐 굴뚝에 연기 나겠어? 저 둘도 얼마 지나고 나면 결혼한다고 할지도 몰라.

마　이: 아니야. 그래도 우리 오빠가 그럴 리가 없어.

진　하: 우리 오빠? 너 배지호 동생이야?

마　이: 아니, 그게 아니라…. 사실은 내가 배지호 팬클럽 회원이거든. 우리 지호 오빠가 팬들에게 여러 번 말했단 말이야. 우리 사이에 비밀은 없다고. 만약 누군가를 사귀게 되면 우리에게 제일 먼저 알릴 거라고.

진　하: 아이구, 너도 참 순진하다. 그거야 팬들 듣기 좋으라고 하는 말이지. 넌 아직도 그런 말을 믿어?

마　이: 응. 난 우리 오빠를 믿어!

25과

말하기

김영미: 어, 기태 씨. 영업팀에는 어쩐 일이세요?

박기태: 인사드릴 일이 있어서 왔습니다. 부장님, 저 장가갑니다.

김영미: 와, 축하해요. 결혼식이 언제예요?

박기태: 다음 달 이십 일입니다. 이거 청첩장입니다. 바쁘시더라도 오셔서 축하해 주시면 감사하겠습니다.

김영미: 정말 좋은 소식이네요. 기태 씨처럼 눈이 높은 사람이 반한 신부는 누군가요?

박기태: 같은 팀에서 일하는 트랑 씨입니다.

투　안: 아니, 그럼 둘이 정말 사귀는 거였어요? 유미 씨 말이 맞았구나. 두 사람 언제부터 사귄 거예요?

박기태: 사실 제가 트랑 씨한테 첫눈에 반해서 꽤 오랫동안 짝사랑을 해 왔어요. 그러다가 일 년 전에 트랑 씨가 활동하는 동호회에 가입하면서 자연스럽게 가까워지고 사귀게 되었어요.

투　안: 그런데 왜 비밀로 했어요?

박기태: 사내 연애라서 조심스러웠거든요. 게다가 국제결혼이라서 양가의 반대가 좀 있었어요. 하지만 지금은 모두 저희를 인정하고 축복해 주십니다.

김영미: 그랬군요. 어렵게 결혼하는 만큼 더 행복하게 잘 사실 거예요. 축하합니다.

박기태: 고맙습니다.

듣고 말하기

3.

먼저 이 자리에 참석해 주신 양가 부모님과 많은 하객 여러분의 축복을 받으며 부부가 되는 신랑 박기태 군과, 신부 짱 양의 결혼을 진심으로 축하드립니다. 그리고 그동안 두 사람을 정성껏 키우신 양가 부모님께도 축하의 말씀을 드립니다. 같은 회사에서 두 사람을 오랫동안 알고 지냈는데 오늘같이 뜻깊은 날 두 사람의 결혼을 축복하는 주례를 맡게 되어 진심으로 기쁩니다. 그런데 주례사는 짧을수록 좋다는 것을 잘 알고 있습니다. 하하하! 그래서 짧게 주례사를 하도록 하겠습니다.

모든 신랑 신부가 다 그렇겠지만 두 사람이 만나서 이 결혼을 하기까지 많은 어려움이 있었을 것입니다. 특히 두 사람은 국제결혼을 하는 만큼 여러 가지 난관들을 헤치며 오늘 이 자리에 왔음을 저는 잘 알고 있습니다. 어려움이 많았던 만큼 그것을 함께 극복하면서 두 사람은 서로 더욱 믿게 되었을 것입니다. 앞으로 결혼 생활을 하다 보면 지금까지와는 또 다른 어려운 순간들이 있을 것입니다. 그때 두 사람은 지금처럼 서로를 믿고 의지해야 합니다. 함께이기 때문에 어려운 순간을 극복할 수 있다고 믿고 서로 힘이 되어 주기 바랍니다.

그리고 양가 부모님께도 효도를 다하기 바랍니다. 효도가 무엇입니까? 부모님을 기쁘게 하는 것입니다. 가장 좋은 효도의 방법은 신랑 신부가 행복하고 아름다운 가정을 만드는 것입니다. 부모님들은 여러분이 행복한 모습을 보시고 같이 행복해 하실 것입니다. 그것이 바로 효도입니다.

서로를 믿으며 행복한 가정을 꾸리고 여러분을 지켜봐 주시는 양가 부모님께 효도하라는 당부를 마지막으로 주례사를 마치고자 합니다.

정답

1과

듣고 말하기

3. (1) ① (2) ②

읽고 쓰기

3. (1) ③

   (2) 선배님들이 후배 직원 한 사람 한 사람에게 수고했다고 따뜻한 말로 격려를 해 주셔서 감동했습니다.

4. (1) 발전할 거라고 (2) 격려해

   (3) 상의해

2과

듣고 말하기

3. (1) ①

   (2) 줄다리기는 힘보다 팀워크가 중요한데 우리 팀은 팀워크가 좋기 때문입니다.

읽고 쓰기

3. (1) ④ (2) ②

4. (1) 무너뜨릴

   (2) 양보했어요

   (3) 놓치지

3과

듣고 말하기

3. (1) ② (2) ③

읽고 쓰기

3. (1) ③

   (2) 자기가 한 실수를 깨닫고 반성하게 되었습니다. 그리고 회사에서는 자기가 맡은 일은 분명하게 책임을 져야 한다는 것도 알게 되었습니다.

4. (1) 정정해 (2) 사소한 (3) 깨닫고

4과

듣고 말하기

3. (1) ③ (2) ②

읽고 쓰기

3. (1) ②

   (2) 손잡이 유리를 이중 유리로 교체하여 화상의 위험을 줄였습니다.

4. (1) 촉촉해질 것입니다.

   (2) 딱딱해서

   (3) 교체하면

5과

듣고 말하기

3. (1) ② (2) ③

읽고 쓰기

3. (1) ①

   (2) 평소 식품 알레르기 교육을 합니다. 응급 의약품과 장비를 마련합니다. 응급 의약품과 장비의 사용법을 교육합니다.

4. (1) 흔히 (2) 마련하지 (3) 이르러

6과

듣고 말하기

3. (1) ① (2) ④

읽고 쓰기

3. (1) ④ (2) ②

4. (1) 키우는 (2) 불평하지 (3) 잦았는데

7과

듣고 말하기

3. (1) ③ (2) ②

읽고 쓰기

3. (1) ④ (2) 큰 사고로 이어지는 경우가 많기 때문입니다.

4. (1) 무디어져서 (2) 위반한 (3) 각별한

8과

듣고 말하기

3. (1) ④ 2) ②

읽고 쓰기

3. (1) ①

(2) 인생은 동굴이 아니라 터널이어서 지금은 어둡고 힘들지만 그 끝에 밝은 빛이 있을 거라고 생각했습니다.

4. (1) 화상을 입었습니다

(2) 포기하지

(3) 일어설

9과

듣고 말하기

3. (1) ② (2) ②

읽고 쓰기

3. (1) ④ (2) 낮과 밤, 시간대를 달리해서 두 번 이상은 봐야 한다.

4. (1) 짬이 나면 (2) 두고두고 (3) 가라앉지 (4) 놓치면

10과

듣고 말하기

3. (1) ④　　(2) ④

읽고 쓰기

3. (1) ②　　(2) ②
4. (1) 담당하고　　(2) 생생해서　　(3) 되었다　　(4) 거듭해서

11과

듣고 말하기

3. (1) ①　　(2) ②

읽고 쓰기

3. (1) ④　　(2) ②

4. (1) 무엇이든　　(2) 금세　　(3) 원래　　(4) 예상대로

12과

듣고 말하기

3. (1) ④　　(2) ②

읽고 쓰기

3. (1) ④
   (2) 잠재적 능력이 뛰어나다고 볼 수 있는 경우 상대방으로 하여금 좋은 투자를 하게 된다는 이미지를 줄 수 있기 때문에

4. (1) 주도권을 잡을 수 있다
   (2) 달인의
   (3) 잠재적

13과

듣고 말하기

3. (1) ③ (2) ③

읽고 쓰기

3. (1) ② (2) ③

4. (1) 바라는 (2) 떠오르면 (3) 나열하셨다

14과

듣고 말하기

3. (1) ③ (2) ③

읽고 쓰기

3. (1) ② (2) ①

4. (1) 진열되어 있다
   (2) 출시했다
   (3) 감소했지만

15과

듣고 말하기

3. (1) ④ (2) ②

읽고 쓰기

3. (1) ③

   (2) 거리가 가까워서 주말 동안 다녀올 수 있고, 겨울에도 즐길 거리가 많으며 최근 환율이 떨어졌기 때문이다

4. (1) 꼽힌다　(2) 뛰어올랐다　(3) 실시한다

16과

듣고 말하기

3. (1) ②　(2) ②

읽고 쓰기

3. (1) ③

   (2) 회의 결과를 간단히 요약하고, 결정된 사항을 누가 진행할 것인지 결정하는 것이 좋다

4. (1) 낭비한다　(2) 요약하셨다　(3) 처리하는

17과

듣고 말하기

3. (1) ②　(2) ①

읽고 쓰기

3. (1) ③　(2) ③

4. (1) 반영했다

   (2) 발견했다

   (3) 결정을 내리기가

18과

듣고 말하기

3. (1) ④ (2) 화면에 나오는 번호로 전화해야 한다.

읽고 쓰기

3. (1) ① (2) ③
4. (1) 엉켰는데 (2) 불만스럽다 (3) 해결하기

19과

듣고 말하기

3. (1) ④ (2) ①

읽고 쓰기

3. (1) ① (2) ①

4. (1) 피하려고 (2) 늘어놓으신다 (3) 넘어갔다 (4) 요구할

20과

듣고 말하기

3. (1) ③ 2) ③

읽고 쓰기

3. (1) ②
   (2) 다양한 기능을 갖춘 휴대전화를 원하는 소비자들의 요구가 스마트폰을 빨리 등장하게 했다.

4. (1) 오로지 (2) 결정적(인) (3) 불구하고

21과

듣고 말하기

3. (1) ③ (2) ①

읽고 쓰기

3. (1) ④ (2) 오랫동안 쌓은 좋은 평판도 한 번의 실수로 나빠질 수 있다.

4. (1) 뚜렷한 (2) 눈 밖에 났다 (3) 매달려

22과

듣고 말하기

3. (1) ④ (2) ④

읽고 쓰기

3. (1) ④ (2) 베트남 사람들의 신뢰를 얻고 마음을 잡아야 한다.

4. (1) 전망이다 (2) 바탕 (3) 상생

23과

듣고 말하기

3. (1) ② (2) 창립 십 주년이 되는 해이기 때문이다.

읽고 쓰기

3. (1) ④ (2) ②

4. (1) 맞이해야 한다
   (2) 빛내
   (3) 동고동락한

24과

듣고 말하기

3. (1) ③ (2) ②

읽고 쓰기

3. (1) ④ (2) ②

4. (1) 입혔다 (2) 돌이키기 (3) 다름없는 (4) 밝혀졌다

25과

듣고 말하기

3. (1) ④ (2) ③

읽고 쓰기

3. (1) ②
   (2) 신랑 신부가 하나하나 준비를 해야 해서 시간과 노력이 너무 많이 든다. 결혼식에 대해 다른 생각을 가진 부모님 세대와의 갈등이 생기기도 한다.

4. (1) 작은 결혼식
   (2) 허례허식
   (3) 널리

집필진

김재욱 한국외국어대학교 KFL대학원장

박기선 사이버한국외국어대학교 한국어학부 교수

노채환 사이버한국외국어대학교 한국어학부 교수

송은정 한국외국어대학교 교양대학 전임강사

베트남어 번역 및 감수

응우옌 응옥 꿰 한국외국어대학교 외국어연수평가원 주임강사

베트남인을 위한
비즈니스 한국어 중급활용

초판 인쇄	2019년 7월 25일
초판 발행	2019년 8월 1일
지은이	김재욱 · 박기선 · 노채환 · 송은정
베트남어 번역 및 감수	응우옌 응옥 꿰
발행인	김인철
총괄 · 기획	가정준 Director, University Knowledge Press
편집장	신선호 Executive Knowledge Contents Creator
도서편집	박현정 Contents Creator 정준희 Contents Creator 장혜린 Contents Creator
전자책편집	인은주 e-Contents Creator
재무관리	강현주 Managing Creator
마케팅	이현진 Marketing Creator
삽화	손도영
발행처	한국외국어대학교 지식출판콘텐츠원 02450 서울특별시 동대문구 이문로 107 전화 02)2173-2493~7 팩스 02)2173-3363 홈페이지 http://press.hufs.ac.kr 전자우편 press@hufs.ac.kr 출판등록 제6-6호(1969. 4. 30)
디자인 · 편집	(주)이환디앤비 02)2254-4301

ISBN 979-11-5901-457-4 14710 정가 20,000원
ISBN 979-11-5901-447-5 (세트)

HUINE은 한국외국어대학교 지식출판콘텐츠원의 어학도서, 사회과학도서, 지역학 도서 Sub Brand이다. 한국외대의 영문명인 HUFS, 현명한 국제전문가 양성(International+Intelligent)의 의미를 담고 있으며, 휴인(携引)의 뜻인 '이끌다, 끌고 나가다'라는 의미처럼 출판계를 이끄는 리더로서, 혁신의 이미지를 담고 있다.

이 책의 음원(mp3)은 한국외국어대학교 지식출판콘텐츠원 홈페이지 (press.hufs.ac.kr) – 게시판 – 자료실에서 다운받아 사용하시기 바랍니다.

베트남인을 위한
비즈니스
한국어 중급활용